李白的月光

谢红心　刘观林　主编
郎杰　刘婷　陈文心　副主编

马鞍山市文化委员会
马鞍山市地方志办公室

安徽师范大学出版社

责任编辑:潘　安
特约编辑:陈亚东　晓　琳
装帧设计:喻　梁
插　　图:喻　梁
责任印制:郭行洲

图书在版编目(CIP)数据

李白的月光/谢红心,刘观林主编. —芜湖:安徽师范大学出版社,2015.3
ISBN 978-7-5676-1925-8

Ⅰ. ①李… Ⅱ. ①谢… ②刘… Ⅲ. ①诗集－中国－当代 Ⅳ. ①I227

中国版本图书馆CIP数据核字(2015)第040056号

LI BAI DE YUEGUANG
李白的月光
谢红心　刘观林　主编

出版发行:安徽师范大学出版社
芜湖市九华南路189号安徽师范大学花津校区　　邮政编码:241002
网　　址:http://www.ahnupress.com/
发 行 部:0553-3883578　5910327　5910310(传真)　E-mail:asdcbsfxb@126.com
印　　刷:安徽芜湖新华印务有限责任公司
版　　次:2015年3月第1版
印　　次:2015年3月第1次印刷
规　　格:889 mm × 1194 mm　1/32
印　　张:7.25
字　　数:160千
书　　号:ISBN 978-7-5676-1925-8
定　　价:28.00元

前　言
Preface

诗意栖居地，两岸水云乡。马鞍山人文荟萃，诗意沛然。古往今来，多少诗坛巨擘流连于斯，歌咏于此，留下了一首首脍炙人口、传诵不衰的名篇佳构，演绎着一段段神奇浪漫、美妙动人的经典传奇。诗歌已浸润这座城市的血脉，成为这座城市的图腾。

为了传承、弘扬诗歌文化，马鞍山自1989年始，每年举办一届中国李白诗歌节。连办26届的诗歌节已成为享誉全国的文化品牌和文化盛事。从第25届起，马鞍山已连续两年同中国诗歌学会联合举办中国诗歌大赛暨中国李白诗歌奖评选活动，作为马鞍山中国李白诗歌节的重要内容。海内外诗人和广大诗歌爱好者踊跃参与，共襄盛举，创作出不少大气隽永的优秀诗歌作品。我们将两届获奖作品结集一并出版，一为记其盛，二为敬作者，三为飨读者。是为前言。

编者

目　录

Contents

第二届中国诗歌大赛暨中国李白诗歌奖获奖作品

第一届中国诗歌大赛
暨中国李白诗歌奖
获奖作品

与李白对饮（组诗）

韩　墨

一

这里夜比海水蓝，星子比灵魂近
青天云端，寒灯虫鸣
每人皆有自己小悲欢，如同马鞍山的黄昏
如同草菊的光在暗影中晃动

风自松尖擦过，嘘，听——
划破空气的，是月光和酒的弧线
对酒邀月的诗人，横江如练呵
而岁月的宣纸上，墨渍清浅白云更兼细雨

秋雁缓缓拖出隶书的尾脚
青铜的天空下，隐隐马蹄声
碧水东流至天门
两岸青山递出一叶孤舟

三峡飘来的猿声，望夫崖上的爱情
那么缓慢，那么苍凉
如同山间明月，江上清风
月光和酒喂养的青莲，绽放如星子

二

草长如忘，苔深似锁
惯于那样轻描淡写潋滟与空蒙
最难捉摸是一弧浅蓝，蛊惑当涂的剑气
一推窗无奈就天高地邈，任无言
细啮着黄昏——

重重叠叠掌纹，浅浅低低倾诉
折折合合许多岁月，回忆谢宣城
几多檐角斜撑院落深深
鳞鳞乌云颜颜灰瓦，青苔蠕蠕
从端午爬到清明

一滴水，凝在檐尖等着降落
那唐诗的眉间，总沁着水痕
水一样深的天上漫舞流萤
梦里，泠风远去浮云

从魏晋来，乘隋时风
秦砖汉瓦古驿道，你我相去
不过是几叶田，莲叶何田田的田
明朝拂衣去，散发弄扁舟

三

无端忆起李白
从周庄梦里飞出，那只蝴蝶
只是剪了一个欲飞的姿势
华夏五千年的文明为之颤动

青石街道向晚，谁骑着竹马
嗅着青梅，从秦汉一路慢退到诗经里
李白的月光犹在
禾锄还透着微温，菊花正浅饮谢灵运的山水

日暮乡关，此岂是乡愁
船橹上青苔压低了船舷
对镜贴花黄的女子，摘起菱角
停船暂问，或恐是同乡

登楼望乡，山外青衫
汲水的星子歇落丹阳湖
一叠粼粼的山阴——
好大一壶花雕酒呵

四

孤帆远影碧空
莲花带走轻舟和乡愁
落日盛大，马鞍山的余温
隔着唐诗宋词，默默不语

左手诗经，右手明月
饮我三十年浅浅的微醉
秀口一吐，就是半个盛唐
推窗入梦，听涛的琴弦
月光中有青莲独舞

烟花云影，谁在骑鹤弄笛
橹桨在砚端谱曲
月光的琴弦拨几声梅花
几声便楚天阔

吴带当风，衣带飘飘盛唐
上阳台贴的狂草，在水面挥毫长短句
楼梯递向远方，可以伸手摘星
奈何达不到唐诗的高度

起　伏（组诗）

林　莉

马鞍山一夜

星辰从马鞍山的脊背掠过去时
我竟无法分辨，哪一颗是久违的故地
哪一颗，是我此刻正夜行的皖地小镇
它们在我风尘零乱的孤旅中，闪射光芒
瞧，在俯仰之间，游向夜的根部

风吹衣单，我只待在明月须臾盈亏的缝隙
那个身着白袍的人，与我煮酒论剑，或是
冷冷不发一言，任时钟在纸卷沙沙游走
轩辕车、五花马，我们一挥衣袖
就消隐在各自的山水中

我感激颠沛中不绝的苦痛，感激今夜
马鞍山上苍生长出的芒，像一个个永不褪色的
汉字在千年古戏台上独白，我感激
那巡南走北中被伤害过的心灵

哦，都不曾熄灭
秋风浩荡，树上的灰喜鹊安眠
在皖地马鞍山，我又一次远送灵魂

所有流传的神，用手指了指苍穹
我自信世事法则皆有生息，好比心中的秋花烂漫
又为你轮回

采石矶，秋风吹动

终于到了这个分水岭，绝壁临江
一只沙鸥，采石矶上的大风
也无法吹走它，夜一程，昼一程
在时光隧道里穿云破雾，我惊心它俯冲之际
带来星月轮转的迷幻蜃景

我站在这里，多像一块长着
千苍百孔的岩石，一任大浪淘沙
我知晓长河落日，江流必将替我们送远
不论缓急，左一阕青山志右一阕梨花胜雪梦

我要瞬息唤来一夜秋风
于白云苍狗间，打开采石矶这部天书
低声问询那些向着高处致敬的生灵
看见谪仙人骑鲸飞去，大风响彻
吹疼两肋

那光阴流水形的跑道上，沙鸥和白帆竞逐
一株松树独立崖壁，默念天地之悠悠
因为满怀热爱，采石矶锯齿状
的衷肠中，嵌满了星群

太白楼记

对酒当歌的人已经远去，留下这千古趋仙之境
就连万物安静下来的样子，都像极了
一群谪居尘世的仙人，满怀慈悲和庄重

走过红枫落满的石阶，回头望过去
江水波光粼粼，太白楼恰如一只穿浪大鸟
越过翠螺山，于白云滚滚之际，擦过了千载的空

涛声拍岸，山风齐鸣，太白楼端坐在人间
没有比这更充满奇迹的呈现了，一座楼、一座山
一条江、一个人相辅相成，互成骨血和精神

当我像一个朝觐者，登楼远眺
月笼皖江，那些在光影中模糊的史册依次出现
那些无法分辨之物慢慢具其风姿

此刻，谁能替一个谪仙人
道出禅机：李花怒放一树白
谁能洞悉它的玄妙，追上它高傲、不羁的内心

夜露滴落，草木慢慢低下身子
我感知青史和大野在疾驰，于时光中无声起伏
我确信有一种光芒扎进了我的身体，那飞檐上
一轮盛唐明月正将我安慰和引渡

暮晚访青山李白墓园

我要寻找宁静的力量，从内部
获得宽广的自由，一丛丛艾菊怒放
铺向秋天，铺向墓园深处

总是这样，风过处，黄花辞落枝头
裸露的根须和墓碑，带我们进入黄昏
沉默在泥土里的事物，朴素，一再低垂

流泉、青莲、鹤，会乘着一片月色回来
其实它们本是散落在时光中的五言或七律
为我们守住内心的风帆和波涛

当夕光涂亮了门匾上“诗无敌”三个字
我们是否能就此悟道，青山在上，墓碑在下
这一刻，万籁俱寂

这一刻，我们隔世把酒，不谈命运、朝代、变迁
身旁一丛丛艾菊怒放，杯中走出一只千年之鹤
神情安然，偶尔抖动羽毛上的水珠
仿佛在用翅膀，建造更庞大的帝国

在濮塘

在濮塘，我总是小心翼翼
生怕一走动，就会吵醒
一株古杏树八百多年的梦，或者
惊动两只正在梳洗的画眉
甚至于担心打断，一片广袤的竹林
那风中绵延不绝的表白

心敞开着，濮塘敞开着
接纳南来北往的寻访者，在童话和现实之间
清泉滴落，古桂又将飘香
亲爱的陌生人，不要嘲笑我杞人忧天
多少人间胜景只为你知遇，却常常物是人非
难逃天地人寰

但我不曾被吹灭，就像濮塘点燃的
落日之灯逡巡于山水间，一个暖暖的国度
它走到哪里，我就默默地跟随到哪里
为这遁世般的一次栖息

繁星落水，脚踏出钟鼓声声
纵使一切转瞬即逝，陌生人啊
请记得，我也谦卑地爱着万物，如同爱着
某一个人，在痛失中识得尘世静好

咏马鞍山诗二首

唐　力

李　白

敏捷诗千首，飘零酒一杯——杜甫

仰首向天，长发披散如江河，顺着
你的头颅、颈项、肩背
一路流泄。当烈酒下肚，一浇胸中块垒
畅快淋漓，则发似激流，冲决而下
当你吟哦晃动，酒入愁肠
百转千回，不可抑止
则发如漩涡，扭结旋转，一如命运之结
盘曲缠绕，让你终身背负

杯中无酒，你畅饮明月，饮一泓清辉
举头低头，都是长长的相思
明月是你的故乡，故乡远在高处
让你无从归去。放落人间的大鹏鸟
巨大的羽翼，成为华丽而无用的摆设
拖累着你，蹀躞而行
讥诮与嘲讽，沾满了你的脚趾
世人皆欲杀，这就是你的悲剧
宏大的理想，成为了空无的海市蜃楼

一生都在逃离，但逃离不了自身
大道如青天，却找不到
唯一的出口。你自囚于酒壶
把前路饮成坎坷，把命运饮成起伏
把愤懑饮成长啸，把郁闷饮成狂歌
把整个京华冠盖相续的喧嚣
饮成一个人的憔悴
把镜中的青丝，饮成寂寞的白雪

大江茫茫去不还。你渴饮一江之水
酒气、剑气，豪情、才情
在口中混合，尽化为霓虹、云霞
锦绣了盛唐的天空。你的归宿，恍如传说
江水、清风、明月、梦幻
它们全都收藏了你的影子，清晰如昨
永远的捞月者呵，你骑鲸而去
万里波涛只留下光亮的痕迹

霸王祠怀古

力拔山兮气盖世——项羽

来到霸王祠里，仿佛深陷于
琵琶的内部，深陷于一场战争的内部
深陷于一首激烈曲子的中央
烽火、征尘、杀伐、弹拨……击打着
我的身体。在战栗中，我看到了你
在庭前系马，在琴弦中洗手
在音符中张开眼睛
张开眼睛中的眼睛，双重的审视
你仍然看不清，自己的命运

你仗剑而立，仿佛依然在巡视
自己的八千子弟
他们站立在弦上，佩戴羽箭
他们锋利的灵魂，仍然在江水之东
极目远处，江水如带，在指间缠绕
群山起伏，就如战马腾跃
仿佛你一声令下，它们就会奔驰而去

十面埋伏，乌骓悲鸣，我看到你
在一首古老的曲子里告别
千百年了，你始终在告别
仿佛时间出现了凝滞，就如弹拨的手
出现了短暂而永恒的停顿
虞姬的泪，依然凝结在脸上

当我在曲廊低首，徘徊不定，而你
在一根弦上苦苦奔走
犹如你的悲苦，杂乱而凄惶
找不到悲壮的结局
扛鼎的力气，扛不起一个霸气磅礴的名字
盖世气势，盖不住历史一页纸张的命运

一条弦，就是你无法渡过的江水

与李白有关的三首诗

阿　翔

李白故居

这并非虚构，当酒喝完，我们就交换了杯子
李白的诗还在疯长
我尽力抑止了
我曾用漫长的童年和青春来消耗诗句
通过窗棂一望无际的郊野，此刻有细雨在落下
或曾经落下。这无疑是
渡过了往昔。不知为什么，在李白故居
我找不到结果
哪怕是一点耻辱的剩余
纠正我那孤零零的恐高症

正午的大街有如平庸，没有什么节日
我已经认识这里的土地
完全毫无根据，投身入静寂
时间的虚构一遍遍刷新着荣誉，不漏掉睡梦
所以从慵懒的江油到县府大楼，不留辙迹
早已荒废了大唐的断墙
似乎只有我靠得很近，那就胜过了黄昏
现在，我来到李白故居，逝者如斯，史诗的辉煌
经过水泥弃我而去

就像等级森严的宫殿轰然倒塌

整个正午循环往复，我会说，哦，我厌倦了奇迹
在儿时远行的地方，建筑我已淡忘
茂密的叶林沙沙翻动，似乎
静得让人颤栗。多少日月星辰被迅速蒸发
陷入无穷的王国，大饮之后就是伤怀
有时我歪曲了李白的模样
隆冬的雷声近在咫尺，在低矮的屋顶一掠而过
跌入一个谜底
使得笔直的走廊弯曲

沉默于表面，我将不再孤独
在经历了足够的睡眠之后
返回庭院，河水幽凉，显得我多少
有些保守与宽厚，玉器的修复术异于预感
犹如证据。杂货铺后面重复着强迫症
我只看到炉香拥挤，沿万物的轨迹
一切都悄无声息
被赋予的黑暗，那是空旷的距离
无人执守。群众的声音一再被推迟
在那里，我显得那么陌生，被雨水裹着
仿佛我从现实走神，对满山遍野的白银视若无物

拟诗记，所忆

——浓雾中的李白墓

那不过是我多少年一成不变的重量记忆
穿过浑浊的河流，越积越厚的淤泥让人沮丧
如同重复老课本，无声地漫谈着忍耐的生活
你那由远方漂至更远的行踪，仍然与世隔绝
熟悉的城市变回另一破旧的街道，在我的老家
浓雾没有被消散，李白墓的磨损处容易被辨认
看上去你更像一个隐士，在小现实的转折头叩头
仅仅为了羞耻，广告招牌恭敬地遮掩着历史
通往匿名者的信函，解冻出引文和新名词
别无它途
像寄居在其中，传播比黑暗更持久的诗艺
你的声音
被捂住在集体的铜镜，无法窥探通往古代的哀告
甚至反射出冬光
令孩子们坐在门前的水泥地紧绷
说出“不”或者摇头，似乎豪宅失去重心
沦为古戏道具
在我的老家，事实表明某一个下午
你在青山脚下
显得不合群，滔滔而下，暗示年轻的富足
暮年的潦倒
那不可倾诉的怜悯，“他踉跄着，
适应了雨夹雪的夜色

和麻木感”，小旅馆白色的软床
包裹着我的旅程，无需客串影壁
眼前即是李白墓
长出旺盛的青草，洗衣妇人满怀愧疚
浓雾还在典籍中
从懒睡的乡村来到城市，树木朝向新精神
“这不是我的立场。”
多少年了，还没有呈现更多令人认知的部分
老套的美景总是职业化，生发着怪诞的黄昏
最大可能性
在货仓里朗诵诗句与白色鲜花交错之际
我的手指停在半空
重新获得由记忆重返躯体的空旷和屈辱

李 白 诗

——与育邦、傅元峰同游青山李白墓园

青山涌动，旅程并不复杂，横竖都是一条路
即使背道而驰，也不是漫游的可能
故乡已是荒场，只有鸟语
我有多么不适！好在还可以穿插田野
回身打量牌坊大门，就像此刻，谁也不说话
我想到风花雪月的内涵，这与现实主义完全无关
譬如目睹到的局部，不需在意日常中的祖国
还有无边的教育
实际上进去以后，倾听的烟雨早已空的
逍遥是自我消失
河流吹拂树林，背弃荣光的无趣
只是习惯长眠于斯
园子好大，有不可动摇的孤独
眼前的石雕浑圆，是对自己出身的肯定……
但看起来
与我们撇清了关系
接下来是那么安静与从容
落日怀想明月，会使我们看得更远
在短暂的尘世，我说育邦、元峰
我曾为李白辗转于
踪迹之途，如今要为自己寻找安身之地

七种颜色的李白

大　卫

赤

江水是自由的，清风不守纪律
你在一朵花的影子里，把身段放得比花还低
没有了身高，人间失去了铜的声音
太阳照耀着大好河山
红与黑是一柄剑不同的名字

把心跳种在梦乡，波浪从月光那里
抱来大捆大捆的雨水和花蕊
你捞月亮的时候
天空与远山恰好构成了一束火焰
你让一朵又一朵白云在马鞍山停顿并弯下身子
一只鹤起自唐朝
月光泊在水里，水与月光互相制造迷宫与镜子
这是一个人的马鞍山，一个人的安徽
有人租借了落花，有人用旧了流水

橙

月色跌进江里，水波何止三尺
从江油到采石矶，哪个地方的太阳
更像一只硕大的橙子

哪一种颜色能止住月亮的哭泣

除了剑，谁敢说自己是孤独的
月光在你的诗里，形如晨露，你不停地抽刀
以马为鞍
花在安徽开得比四川要慢
哪一种水果从枝头轻轻掉落
橙色是一种最热烈的颜色
仿佛那经过心头的泪水

哪一只蝴蝶是你昨夜写废的诗句
孤独无边，长江在此
轻轻地转弯
你让剑生锈，让空虚成为一种可以摸得到的存在
你让白鹭在剑的叫声里微微地泛起云烟

黄

我看见姑熟大地上的一株稻子，飞过当涂
飞过青山，飞过横山，飞过翠锣湾，飞过锁溪河
飞起来了，一株稻子有了灵魂
它用银子飞，它用金子飞
它用大臣飞，它用皇帝飞
它用人民飞
它飞的时候，玉米是现实主义
棉花是浪漫主义
它飞的时候，马放下了鞍子
一株金黄的稻束，在秋天的大地上
布下了狂风暴雨，它的脚下有一千条道路

它的叫声里有菊花与流水

绿

在江的对岸
你的眼睛里跳动着一万种绿
你用青草写诗，其实是想把风写进青草里

每一种绿都是蝴蝶的敛翅
你把万千河山摊开
仿佛一张薄薄的纸
“燕草如碧丝，秦桑低绿枝”
从塞北到江南
绿是个头最大的雨点
落在烟墩山
落在五担岗
落在白天的濮塘
也落在夜晚的濮塘

雨点一样的绿
落在鸽子的羽毛上
有时你累了
就让绿直接落在花的脖子上

青

两岸青山相对开，我的神
能让水发疯的只有你，你用天空，
用云彩，用星星

你把秋风像书僮一样地用了
你对流水说朕——有时你用酒
酒用完了，你就用月亮
对影成三人，你用长啸，长啸用完了，你用低吟

青山把流水用尽
在你的醉眼里
我看见比神更白的云

蓝

你用蓝接近蓝，你用蓝反对蓝
你让梦有了银子的歌声
你让马鞍形的山铺陈在南京以西，合肥以东
我的神
你在人间把浪漫这个词
用到了山谷和流水的前面

飞鸟与孤云是一个字的两种笔划
吟诗的时候，你是你自己从未见过的蓝
当涂的叔公与长安的高力士
是你不同色阶的蓝
你用蓝赞美蓝，你用蓝奚落蓝
你让所有天空经过马鞍山的时候
都是草字头的蓝

紫

“白也诗无敌”，你是诗人中的紫
你是桑椹落在人间的样子
总有一种颜色无法形容，在唐朝
诗是倒着长的
每一首诗都是它自己落下的雨滴

把你铺在宣纸上，铺在帝国的黄昏里
刚用一行诗超越了自己
你就用另一行诗消灭了自己
白鹭盘旋于青色的稻田
半个盛唐在你的韵脚里面
你在自己的影子里辗转
从大红到大紫，你让一个王朝有了呼吸
从库叶城到江油，再到当涂
你把自己交给了时间
我还在使用你使用过的流水
青山做仆童，我用鹭鸶做你未做完的梦
白是一个人的名字
白是云朵被山谷
重新命名

你经过的地方
空气新鲜，仿佛深秋的酒酿
白，有时候仅仅是一种带颜色的旋律
把自己埋在月光里，你让月光靠近紫但又
不让紫成为它的影子

紫是所有青山的深呼吸
你用流水书写自己又遗忘了自己
你让紫仅仅成为一种记忆
我的神，你超越了所有的颜色
你让流水回眸，你让皇帝没有名字

李白在当涂的最后时光

敖勒川

这是公元762年的秋天
这是一个62岁的老人
最后的秋天：亲人们都失散了
你写下的那些文字
却像此时的落叶，黄金般，纷纷地聚拢而来
一生，就是一次辉煌地飘落，出发
即意味着回归，可魂归何处啊，孤独
又高又凉，被一场秋风吹得
像一个帝国一样辽阔……一条大江
倒映出天空的空和清澈，倒映出一个老人
三千丈的白发
和蜀道难难于上青天的病容
——唉，生活是一服药，诗歌是另一服

可命运呢？你再次想到命运，想到
人生是怎样的一种苍茫与苍凉
仰天大笑出门去，这一生的奔波、欢乐和忧伤
都隐藏在无数的大醉里：
三杯通大道，一斗合自然
大地多么辽阔，你却只能在羊肠小道上跋涉
只能在
一滴酒的针尖上狂欢：你内心的梦
从来就没有真正实现过，你只是
把一地的寒霜收集起来，做成月亮，你用一生

把这晶莹和寒冷举过头顶：这头顶上的故乡啊
近在咫尺，却又永不可到达……
……永远都在漂泊、寻找、跋涉，独自咽下
一个人的高贵和卑微、伟大与渺小
一个时代最坚硬的骨头
拔剑四顾，抽刀断水，梦游八极，最终
只剩下此时死亡般的安宁
时间到了，你交出
最后的心跳
和那些心跳般的文字——
君不见黄河之水天上来，你成就了一个帝国
最精彩的一章

再看一眼这悲欣交集的尘世，一只蚂蚁
仍在孜孜不倦地搬运大地，它目光里
有你用过的闪电，再看一看远处的
牛渚矶、翠螺山……大江奔涌，山色青翠
一只白鹤
直冲云霄，天蓝得像一个人万古不化的悲愁
一个老人眼里的纯净加深了一场秋风的寒凉
高楼深宫，纸醉金迷，繁华的背后
是一掬无处安放的疼痛和凄凉
幸亏还有梦，还有不灭的灵魂，还有
心爱的汉字任你天马行空地驰骋——
安能摧眉折腰事权贵，使我不得开心颜
一个诗人，在生命的壮年，为自己写下
永恒的
墓志铭
是否还有另一种可能、另一种人生

一个人寄存于这个世界上，要么开始，要么
结束，就在这个叫当涂的地方
你终于可以和这个爱恨交加的世界
有个了断——
大鹏飞兮振八裔，中天摧兮力不济
余风激兮万世，游扶桑兮挂左袂
后人得之传此，仲尼亡兮谁为出涕

一个心高气傲的人和一个心高气傲的帝国
终于
达成了和解，从此后
每一颗飞翔的心，都叫李白

在马鞍山寻找李白（组诗）

方　刚

游览李白吟咏过的山水

依然涛似连山、浪如喷雪
伫立岸边吟诗的那个人在哪里
李白的诗句在马鞍山山水里生根
一汪文脉浸润仰望的眼睛
丹阳湖如画，帆影融进夕阳
棹舟的少女摇晃爱情，慢慢划进一首民歌深处
在灵墟山，炼丹的人化鹤而去
松萝一层层遮蔽仙踪，李白会不会久久怅望
我猜想，他仍在姑孰溪垂钓
鸥鸟翻飞，浣纱的村姑来了又去
一圈圈涟漪在心里荡漾
谢公宅还在否？池中的月又褪了多少颜色
竹林之中，他与谢公用心灵对话
千载之下，我能不能听懂他的腹语
现在，帆已沉淀成古诗里一个灵动的韵脚
渡轮来往穿梭，没有李白
谁还能将万里长江浓缩到一首诗里
我看到，一江生生不息的波浪

在牛渚与李白一起怀古

也是秋夜，也是晴空
照耀我的月光，也照耀过李白
牛渚矶壁立千寻，我也怀古
究竟有没有人，能听懂诗句里的孤独
他心中的高山，是不是巍巍乎抵达天际
有多少心事陡峭地耸立
还有流水，洋洋乎一泻千里
他身体里蓄满涛声
需要怎样高声吟咏，才能唤来一双温暖的手
将自己轻轻拎到有光的地方
我也在低处，也是一身裂纹
李白的诗句在我血脉里泛起回声
如果虚拟一叶扁舟，能不能在江湖里找到他
秋天越来越深，从他诗句里飘落的枫叶
纷纷遮住我，纷纷落入江水

追寻李白酒杯中的月亮

再次回到当涂，李白已是晚年
怀中只剩一轮被用旧的月亮
故乡是一个虚构的地址，前方没有路
这样一个飘然不群的人，是如何缩紧身子
一点点地从梦中退出来？会有多少破碎的声响
我想从一首诗中，返回他的壮年
总是与月为伍，酒杯从不落空
影子越来越瘦，他用血液煮沸月色
我也为墙所困，逆向行走让身体更加弯曲
我理解他为什么不肯和众人走同一扇门
为什么一生辗转
并且深信，他是捉月而死的
江水沉静，他在一杯酒里看到光亮的出口
枯萎的马匹重新叮当作响
他在醉梦里失去痛感，微笑着作别人生
一千多年后，在采石矶，我看到他饮酒的雕像
杯中的月亮，依旧孤独

站在李白的终点前

一抔黄土怎能泊下李白崎岖跌宕的一生
那么多坎坷，他心中的海、天空
诗歌中的盛世
像一枚跌碎的月亮，散落一地
这位被贬谪的仙人，重新回到天上
留下一道闪光的痕迹

我看到一抹影子飘然于天地之间
看到翻飞的浪、舒卷的云、
耸立的山、闪电、狂风
看到大鹏、长鲸、巨鱼以及很多宏大的事物
看到他宽阔的胸怀
看到他终身没能挣脱的链条
看到一条痉挛的道路
这是青山，他回归到最喜爱的山水里
他的终点是不是另一种起点
我在一首诗里仰望他
闻到浓烈的酒香
听到叹息、呼唤与呐喊

读李白《夜泊牛渚怀古》

谭　杰

明月千秋照，轻舟荡逝云。
清风识义友，碧浪映高人。
大海容知遇，苍天鉴不群，
李白遗韵在，当忆谢将军！

李白，诗城在寻踪（组诗）

黄玉俊

李白何在

三千丈白发如瀑　流成不尽江河
从古至今　面向沧海
旅人梦里惊心　回首处
茫茫江天　孤帆远影

在季节沉重的地方　春光破碎
风雨过后　江水盛开
我朝圣而来
诗城美酒使我想起当年明月
在久远的沉梦里　我叩问天门遗踪
月下江边　何处打捞那些依然流浪的诗句
然后顺路还家

饮罢那晚满杯残碎的月光
诗仙与明月一同冲破江水
在人世的悲喜中　一路潜洄
故乡的江水流经夜暗
流出异乎寻常的日出江花

酒中剑影　杯中江湖
江水缠身的鲲鹏来自前世

越过远山　在天之高度上　孤空
殉难　拾起春宵的残片
抚平川流不息的目光
黄昏不老
明镜秋霜　拯救又一轮暮色
举杯　痛饮滚滚江河

今　夜

暗影的长藤爬满月光的枝叶
偶而拾起的故事　显得无比衰远
今夜
或怀抱满月
或身披风雨
今夜的李白走出唐诗　以一种情怀把盏
今夜的皎月只照耀临水青山
面对盈月丰水　银杯玉盏　唱尽三生

琥珀色的眼泪　象牙色的江水
追踪去向不明的扁舟
只有月光一样的空杯告诉我
诗酒只是一种深刻的造诣
将明月与江水用诗意喂养
便是今世的花间一壶

月白的长衫在窗口洗尽俗世的情愁
瓷器的碎裂强引出美酒的骄横
万千风物　沉寂无声
孤灯　挽留夜雨的谦卑

今夜的归客　又与谁久别重逢

月下江舟

不沉的舟　不沉的水　泛滥于人心
船行山退　岸接荒滩
一次次取水　滋养宿命
有多少身背弯月的影子流连家村

不舍江月　不舍美酒
桨声起伏的爱恨划尽又一轮春秋
最后一坛老酒已无法支撑西坠的残月
于是你捋须吟呓　乘兴赋诗
有关
梦中伤愁　酒里沧桑　一世生死　万里家国
以及野渡渔火暗藏的淋漓鲜血

巨石临江　遥对燃烧的头颅
无悔的热泪陡然落下
流水无语　清风不知所措
一朵孤云在天际游荡
一种隐痛在尘世漂浮
船行在心中　家在何处
星星撒满月光下的江水

江南桃花

万物消长
桃花极易引出关乎酒色的传闻

不过当桃花与诗意和友情做爱
便能开出生离死别的情节

诗仙流落江南　桃花最富诗意
最后一朵白雪　接近桃花
多少寒意　磨难春色
是谁在桃园深处彻夜不息地酿酒
怀旧的眼神越过余生
扁舟　河岸　眼前流水　足下深潭
唯一的赞叹　最终顺水推舟
天涯桃红　尽是梦里归心

我在月下种植虚空
打捞隔世的渊薮
另一个黄昏　摆酒设宴
迎娶随风而落的妖娆
杯光窈窕　春天在一滴深醇中召唤风雨
击节而歌是过往的前缘
夹岸桃林中谁寂寞地吹箫
唯一缺失的一朵
开在深夜回家的路上　照耀隐逸与流放

半瓣诗话在前村转世
一片灼灼中　裙裾翻山涉水背负春风
暧昧的歌谣能否挽起锦心绣口

故乡

碎叶远在天外
陇西风沙　天府日月
早已沿路挥洒
登达朝堂　也只有对脱靴研墨的不屑

故乡在纸上　故乡在诗中
醉卧江涛　抛开恩仇只奉青山
失踪　向心归敛　让世界寻找
江水从远古走来　一闪而过就是明天
在深秋的深夜　了却于山水相依的江岸
岁岁年年　远去不归的蹄声
传扬着委身寄情　不谙风水的绝唱

江山无限地展现
土地一次次翻新
怀抱鸟语　踏遍青山
石上开花　是星星的夙愿
登上高楼　夕阳的叶子萧萧落下
将最后的悬案抛却　奔流到海
因此诗酒满江

日暮　我行舟乡关
迎风撒网　择水而居
不尽的沉湎中
皓月当空　对影歌唱　直到天明

今夜有李白的月光（组诗）

祝　贺

太阳从采石落山坡

十八点的太阳
一枚硕大的红果
从采石山顶缓缓滚下
没有像李白跳江捞月般
坠入长江
而是落在了工业开发区

别
别
别被加工成商品
在第二天的超市里
出售

采石听涛

从春到夏　从秋到冬
江水　迟迟没有
拍打采石矶
拍打成
李白的
连山喷雪来的浪花

江水是累了
一天天病弱起来

若果
拍打我的采石矶的江涛
一天天变猛变烈
那江坝
那江桥
那多长出来的江心洲头
以及漂浮的塑料泡沫
统统略去

李白祭

又在江南最好的山水里
又在秋日最好的阳光下

一边细数着金脚红毛的蟹爪
一边高声争论诗人的死亡

病发而死
溺水而亡

溺水而亡
病发而死

争论无休无止
只是见证了一桌蟹的消费

为什么至今仍在争论诗人的亡法
给了人们至少还有一千年的遐想

其实，李白未死
一直活在中国每片最好的山水里

今夜有李白的月光

千年前的月亮
没有被跳江的李白捞住
江水却裹挟着月亮和诗人
一起飘进了青山
飘到了我的家乡

在家乡
今夜的月光如李白的酒盏明亮
今夜的月光如李白捞起的江水粼粼闪闪

今夜有李白有月光
如水患般漫溢在家乡的大街小巷
城市在拔节成长
人们为诗而欢

你敢不敢到马鞍山来

高　平

你敢不敢到马鞍山来
楚霸王会自刎给你看
让你受不住千古英雄的气概
他宁肯不过江东
放弃卷土重来
宁肯屈从天意
绝不承认失败
他的马鞍子漂浮到这里
成了这座城市的名牌
你
忘得了吗

你敢不敢到马鞍山来
你一登上采石矶
就会遇到李白
他高举着巨大的酒杯
盛满他一生的愤慨
说与尔同销万古愁
说千金散尽还复来
说喝罢就到青山找谢朓去了
你
酒量行吗

你敢不敢到马鞍山来

你能否享受得了眼花缭乱之美
九座山的翠绿是迷人的
雨山湖的碧波是醉心的
城市和园林区分不开
长江上响着战太平的鼓声
激起历朝历代的豪迈
鼓声远去之后
水乡之柔和钢铁之硬凝结在当代
坚定如山是马鞍山的性格
柔情似水是马鞍山的情怀
你
舍得走吗

水墨乡关·采石古镇

聂庆武

一

翠螺山
挽一身青衫
站在流水中
像一滴墨，晕开于留白
天地时辰慢慢地扩大，阴影中包藏着
一颗川流不息的心

头上是台阁的冠冕
脚下有无数飞翔的屋顶
在薄暮时分，向另一个故乡迁徙
林中的蝴蝶，滑动冥想的线条
有时她越界而来，探访采石古镇的墙头
打开记忆之门，这是谁人的乡关
在泛黄的纸上，在游子
安歇的庭院
正变得越来越清晰

二

木雕窗棂的鸟影，随夕光复活
飞越临河的街市

恍若回到唐朝的酒肆
突窗而来的光线如剑
挂在墙上，或者
横在桌旁
让我收起最后的一抹
点燃酒杯中孤独燃烧的火焰
在梦中，青鸟探看过
大鹏也曾在人间敛翅低徊

而赤乌井，古镇的另一盏酒杯
用大地内心的泉涌，炼成
五彩的石头，千年后
幻化成草圣满纸的烟霞
和百鸟翔集的天空中
吉祥的云彩

三

三元洞里的背包客
来自古代，也来自未来
来自本地，也来自异乡
也许是你，也许是我
人生“赶考”的途中，谁在梦中
唤你的乳名？让乡音成为惊心的提醒
和风暴中温暖的避所

有人因一声鸟鸣而苍老
有人因一梦而耽搁一生
有人从未离故土，却竟夕起乡愁

有人一再出走，又一辈子走在还乡途中
孤独的行旅啊，当我们身体里
另一个人醒来，浅酌低吟
酒杯如青莲开放
酒里晃动黛瓦白墙
青荇牵手倒映的垂柳
不管你来自何方，都会看到
古镇柔软的风景中
藏着另一个隐秘的故乡

四

锁溪河
怀抱青山如母抱子
山上衣冠冢内的赤子
舍却肉身的行囊，裹藏着
万丈烟景和锦绣文章
睡在时间的河流之上
江流曲折的悲喜
浇灌了傲然御风的一生
想导演一场天地万物的逆旅
二十四桥的明月，也照着
十二亭桥
山间寡淡的灯火，在夜半
用锁溪河水擦亮自己
隐隐作痛的光亮
忆及前世和今生
可能是江上渔火，也可能是
天上星

锁溪河啊，锁得住流水
却锁不住流逝
锁得住流连不发的轻舟
却锁不住大江南北，泛光的两岸
青葱的生长

五

我的祖国有无数的小镇
采石古镇，独你
会因一人而赢得诗歌的芳名
当木铎高悬三台阁的飞檐
传达千年的绝响，从而
获得星辰的高度
一个人的乡关，也成了
所有人的乡关

再次，当长庚入梦
伟大的母亲
正生下平静的河流
安宁的村镇，生下
文运昌盛的诗酒田园
和知书识礼的幸福儿孙

李白的月亮（组诗）

陈松叶

义薄云天

虞姬舞剑之后自刎，霸王恸哭
楚项羽没有了知音，生命又何足惜
遂拔剑在乌江饮恨，乌骓马恋主
翻滚自戕，留马鞍承载这沉重的历史

马鞍坠落之处，后来变成一座城池
这一方热土，该有一个响亮的名字
大江东去，江城之名应是苍天所赐
诗仙李白终老之地，诗城该是皆大欢喜

岁岁竹海惊涛，绿城最是天下闻名
年年桂子飘香，花城催人望月相思
毗邻金陵，不取望京之名正气凛然
灯语禅寺，称小九华最是谦谦君子

长江三矶之首，雄奇伟岸只言采石
唯吾德馨，鸿儒白丁谈笑斯是陋室
山似双乳，天挂雨帘隐去许多羞涩
慈姥山青，且为天下母亲高歌一曲

楚汉相争已远了，只留下一副中国象棋

就叫马鞍山市了，义薄云天的感人壮举
不以成败论英雄，甘为历史车马当坐骑
请“中国梦”上马，一路蹄花鹏程万里

李白的月亮

唐朝的月亮是何等模样
当请教“月光诗仙”李白
免不了请大诗人喝上几杯

欲买茅台、五粮液嫌太贵
想起诗人当年将船买酒赊月色
在采石矶，何物可赊催人醉

诗人曰：罢了，尔等何必破费
我藏有一瓶采石春，清香味美
此酒须慢斟细品，方知此生不悔

三杯酒下肚，已是月色生辉
诗人豪情万丈，长袖起舞欲飞
欲上青天揽明月么，令人敬畏

诗人唱道：今人不见古时月
今月曾经照古人，不老的是月桂
静夜思，月与共，人不同，莫伤悲

休道人攀明月不可得
月行却与人相随。年年岁岁
月亮是人类的知音，从不虚伪

人有旦夕祸福，月有阴晴圆缺
古难全。何必长吁短叹，伤心落泪
花前月下休久留，人生苦旅莫徘徊

想当年，翠螺山下泛舟痛饮
又现对影成三人壮观，我舞影零乱呵
怕月儿摔倒，我跳江扶之，竟一去不回

如唐诗七绝一样，诗仙的绝笔如此完美
中国的诗歌至今未走出唐朝，愧煞我辈
举头望明月，且将思绪付于滚滚长江水

雨山湖吟

天要下雨
娘要嫁人
娘成了人家的婆娘
雨成了天下风景

雷公山上声如鼓
雪山茫茫洁无痕
八面来风影无踪
雨山湖是风雪雷电的根

惊涛拍岸，是风雨雷电的交响
人间有一座雨山，乐声永不消沉
雨山湖的乳名叫娃娃塘，人世间
最动听的音乐是婴儿的哭声

太白楼的檐雨声，是诗的平仄音韵
三元洞外凭远眺长江，是诗的意境
采石矶砥柱中流，是诗的神来之笔
马鞍山昭示：好诗多在马背上吟成

雨为山名，山为雨生。湖水映九峰
此景只应天上有，映日荷花别样红
春雨是诗，秋雨是歌，山风唱与和
有道是好雨知时节，好诗更晓真情

写在林散之纪念馆

太白楼煮酒论诗
我辈也只是故弄风雅
霸王祠凭吊项羽
英雄远去，别来无恙

李白纵有斗酒诗百篇
皆是汉字骨血，梦笔生花
南朝周兴嗣的《千字文》
启蒙了一代代求知娃娃

“当代草圣”林散之之上
王羲之、王献之名冠中华
隶、楷、行、草，字字生辉
汉字几千年，诞生了中国书法

写得一笔好字，方显风流潇洒
看林散之大师的字，如观云霞

不愧为狂草圣手、枯笔大家
泼墨处，金蛇狂舞，出神入画

又想起时下电脑手机称王称霸
谁还会手握羊毫，在纸上滚爬
据说，作家写稿都不用钢笔稿纸了
若干年后会怎样，想想都有些后怕

中华文化靠汉字传承，字字比天大
切莫冷了汉字的心，日后恐受惩罚
走出林散之纪念馆，闻琅琅读书声
狂喜之。天不灭我汉字，秋实春华

如果有三个人喊我去马鞍山
（组诗）

鲁 橹

如果有一个人喊我

向晚薄凉。我抬头看天，想坐飞机去看邱泉。
他在安徽马鞍山，电力局上班。
他又高又帅，皮肤白里透亮。
我们是同学。十三年前他邀我上安徽，
“我们那儿有李白墓，
你去祭拜一下，肯定能写出好诗。”
当年他青春年少，白领的衣服敞开，
乒乓球打得漂亮，手势酷酷地，
很像长江水的速度，流畅中划着漩涡。

“中年男人是最有魅力的。”
这句经典，让我重新向往一座城市，
向往一个人。

如果有两个人喊我

我无法掩藏自己的心事：去远方。
那个城市，光从每个巷口涌出
朴实的面孔和飞翔的雄鹰相处甚欢。

如果聚焦那个歌舞的广场，你看
每个人都走向另外的人，
头顶的光恍若银河倾泻。

香喷喷的桂花饼，民间的美食，
桂花如流云覆盖。
我衣襟含香，心思缜密。
有人在码头的香樟树下等我。
有人说出接头暗号：
“这么些年，你好吗？”

我假装仰头看天空，
黄昏来得有些慢，
——夕阳是一只喜鹊，
她穿了镶花边的裙，
美丽的情愫，
正缓缓飘起……

如果有三个人喊我

首站是当涂。我不会起得早，
青山还在下一处。
如果大诗人李白又去采石矶了，
长江会不会站立起来——
诗人雄浑，他的气势当使大地垂首，
一条江的肃立，
一座城市的肃立，都不为过。
身处亚热带湿润的季风气候里，
人和景物，互为荣耀。

如果有三个人喊我，
我们就组团出发——
目标：马鞍山，
口号：聚山纳川，一马当先。

在马鞍山，我爱着，也梦着
（组诗）

清荷铃子

雨山湖，是一个有爱的湖

被九峰环抱的洼儿湖，
不是因为它周围的楼群多绿树多，
而称它为最美的湖。
是因为它一个有爱的湖，
像一孩子，
有父母的爱，有大地的爱，
有爱的孩子是幸福的。

在这里你可以看到父爱如山，母爱如水，
可以看到幸福模样和颜色——
比如跳金子舞的湖面，游来游去的鱼群，
白鹤安详的步态。
比如他搂着她的腰说：爱你那柔柔的波，
然而她突然失踪了，又跑了回来，
带着满脸坏笑的样子，
像那个波圈，扩散了，又回来，
再扩散，再回来，像两颗心重合了，分开
再重合，再分开……

比如珍珠的身体，葱郁的山峰，
洁白柔长的腿，泡沫的嘴唇，
那都是自刎那一刻瞬间幻化而成，
她把美和爱镶嵌在马鞍掉落时，
砸响的这块疼痛的土地，
她用动情的双眸，看着这片土地，
慢慢长出琼楼玉宇，车水马龙，
长出寺院，钟声，灯盏，香火，
长出大山，湖泊，河流，
长出父亲，母亲，孩子，诗人，作家……
长出她期望的和谐的一切。

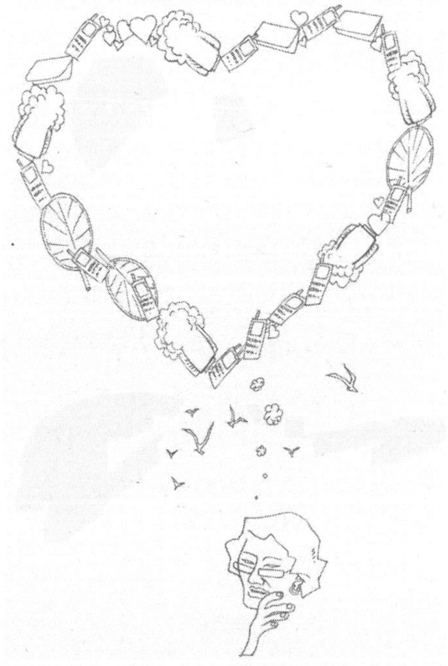

马鞍怪坡

竹海、古树、清泉、钟鼓，和怪坡，
它们都有自己的秘境，
都有一个人内心的桃花源，
它们中间生长着野草、蝴蝶、蜜蜂，雨和风，
还夹杂动物珍禽的踪迹，
更多时候，这里会聚一群人，
他们钻竹海，爬古树，喝清泉，敲钟鼓，
经过濮塘林场怪坡，
上坡说成下坡，下坡说成上坡，
他们的视觉和知觉经常出现错乱。

其实这是一条马鞍路，
是一条从历史中缓慢伸出，穿过楚歌的内心，
踏入黎明的一条经脉之路。
在这里，马和马鞍的情感，如同竹和海，
草和地，它们会在暗深的夜里，互相摸索，
项羽的梦在这里一再地被一座山抬起，又放下，
这里的每一块石头都写满了虞姬不舍的诺言。
打鼾的石头，沉默的小草，醉意的山风，
都曾对着跪行的马鞍真诚忏悔。
在怪坡，你可以不思考人生和生命，
但是你一定要找出，你在万物中的位置。

访李白墓园

背倚大青山，坐看长江水，
一个人的内心说空就空了，
这块兵家必争之地，说静就静了，

所有的脸庞不过是一个名字，
所有的名字不过是碰撞山岩的浪花，
我不再回忆城市里的味道，那里根本没有味道，
那一切都是掠夺者雕刻出来的。

在“白浪高于瓦官阁”的大江面前，
看久了，就有让人中毒眩晕的味道，
我最喜欢的味道，是身后那条迂回的鸟道，
那里有枯井的味道，有着想让人填满的味道，
我有想躺下的欲望……

躺下去，就没有了时间和空间，
就可以痛饮泉水，饱餐野果，
就可以选棵松对，想爱就爱，想做就做，
说离开就离开，
哪有什么“一水牵愁万里长”？

陋室梦

这样的陋室，是我内心的别墅——
有山有水，有“苔痕上阶绿，草色入帘青”
偶有鸿儒来谈笑，还有素琴和金经，

真是“何陋之有?”

一只小鸟落在陋室门面前松枝上，
唱了一会，就飞走了，
它留下一巨大的天空给我，
我望着高耸入云的树梢，
那里仿佛有我最近购买的新房，
住在上面，空荡荡的，
每天都有摇摇欲坠的感觉。

我期盼最低和最矮
像现在这样，比青草低，低到泥土里去
比蛙鸣矮，矮到池塘里去，
一伸手，就能触及蝴蝶和露珠，
一仰头，就能听到石头、清泉和月光的谈话。
在哪里还有这样的梦?

我要为马鞍山放声歌唱

华万里

致马鞍山

相传楚汉战争时期，楚霸王项羽兵败垓下，退至和县乌江，便请渔夫将心爱的坐骑乌骓马渡至对岸后，自刎身亡。乌骓马思念主人，长嘶不已，在地上翻滚自戕，马鞍落地化为一座山，马鞍山因此得名……

马鞍山，你好！我们来了，我们来看你的马鞍
千百年后，是否依然坚固
耐坐、锃亮。我们来看楚霸王的雄风
是否还在千丈高的剑峰呼啸

跨上马鞍，鞍右挂着红日，挂着十万吨光芒
鞍左挂着长江，挂着日夜奋进的波涛
我们身着新时代的战袍
拔剑舞刀，冲向前方

跨上马鞍，感到马鞍很大，很牢。当涂民歌
坐在马鞍上，一路传唱。李太白的青山
坐在马鞍上，颠簸着千百年不败的豪迈诗行
一座钢铁城市坐在马鞍上
马鞍上尽是锦绣，奔跑起来特别漂亮

虽然马鞍不说话，但我们懂得马鞍的意义
懂得马鞍寄予的希望。虽然马鞍状的山峰
不很高，但它驮起我们时，就驮起了
雄心壮志的重量
马鞍上的明天，刹那亮了

马鞍山，我们来了！我们全是爱马的人
我们全是马鞍的朋友！我们手挥闪电的长鞭
大喊:“只要马鞍在，我们的山就会奔跑!”
我们撞开重重山峦，
高呼:“只要大风雷鸣，
我们就会掀开排山倒海的心跳!”

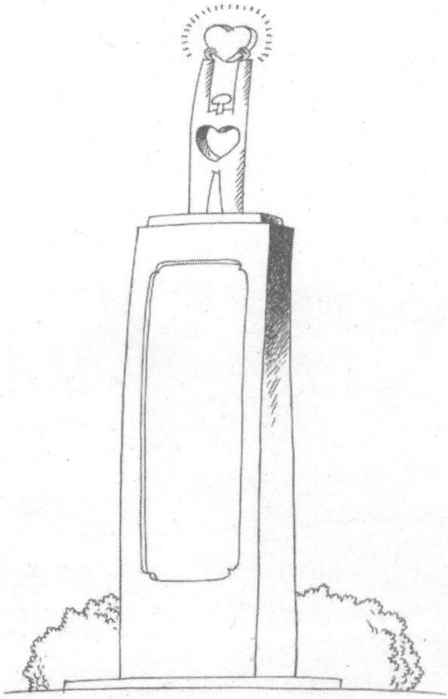

谒李白墓园

我来时已不是一个朝代的下午，衣袖上也没有
千百年前的落花

我来时正值秋天，每一片红叶，都可以让来的人
变得无比的灿烂，连太白的诗句
也被鸟声放进了刻骨的红

我来时这里依然是南齐诗人谢朓
赞美的“山水都”，我依然听到太白指着一朵白云
说：“宅近青山同谢朓。”我依然看见
太白的胡须上凝满好看的霜

我来时太白已经站成塑像，他侧身而立
让那些不平不白的事情，不敢面对
他的目光。他好像还在猿声中轻舟出三峡
他好像还在吟：“疑是银河落九天！”

我来时，厅堂悬有书法家司徒手书：“诗无敌”
是的，诗无敌，情无敌，我的词语
我的爱情，我的酒量，心甘情愿地败在了
太白手下

我来时，冷风未来，落日未来
来了的除了爱写艳体诗的我，就是庞大的秋风
和凛冽的思念，就是累累果实中
诗歌不朽的核，就是壮志入云情满青山……

我想唱当涂民歌

我想唱当涂民歌，我想唱出它的青枝绿叶
我想唱得它像十万管竹箫，三千只凤鸣
五百个轻雷，一齐发响

我想像百灵那样唱，鹩哥那样唱，画眉那样唱
我想唱北宋词人李之仪的《田夫踏歌》
我想唱清代诗人黄钺的《于湖竹枝词》，我想
唱“君住江之头，我住江之尾”……

我要唱得牛歌、船歌、灯歌、渔歌全部加入
我要唱得秧歌、门歌、对歌、舞调、号子
一起回应
我要唱得心尖尖上的肉乱颤，我要
唱得千山万水泪珠儿滚滚

我唱绿松调，我唱风入柳，我唱山水印
我唱马鞍山边铺满了苍青的词语
我唱在一滴露水中发现晶莹的小美人

唱啊，唱啊，如果当涂民歌是一位歌者
我就是他发烫的口唇
唱啊，唱啊，如果当涂民歌是一朵花
我就是它迷人的花蕊

马鞍山走笔（组诗）

杨　骥

凭吊楚霸王

抑或，你幡然醒悟
便是战马长嘶轰然扑倒的那一瞬间
梦想、青春与爱情
如夏花湮灭，大地渐渐尘封

饮罢海碗烈酒出行，这是一种男人的悲壮
寄寓着浓烈的爱恨情仇
可是，为何不尝试换一种角度倾听啊
四面群山，楚歌悠扬，拉长的乡音

假如摒弃剑拔弩张的情节
凝望料峭的风中，那朵佳人的笑靥
该是多么别致情调
很多时候，我们给自己强加一种错觉

在时光的流转中错失良机
便会陷入进退两难的境地。身前茫茫
身后亦茫茫。江水奔腾
诉不尽关于儿女英雄的扼腕长叹

找一匹快马奔回唐朝

我时刻都在寻思
如何能在一片皎洁的月光里
越过茫茫水域
越过那些高高低低的山峦
越过女人丰满的乳房
从一朵花的属相里
找到一匹快马，奔回唐朝

是的，找到一匹快马
我要在它健硕的臀部加上一鞭
让它昼夜不息风雨兼程地奔跑
回到一湾女性的酒窝里
与一个名叫李白的游侠，比划三千回合
他使毛笔，我使铜剑
或者，我用明月，他用弯刀

我们各有各的招式，对立而统一
最后双手紧握，缘分啊
我们端坐于泥土之上，喝酒，叨念诗句
任凭夜风在背后簌簌凋落
尘归尘，土归土
那些轻飘飘的物质，只属于想象的时光和记忆

徽 记

鸟儿是森林的徽记。鱼是江河的徽记
白云，是天空的徽记

一条汉子从马背上坠落
大地崛起马鞍一样的象形文字
成为悲壮的历史徽记

有一种世代相传的徽记
从你一出世就已经刻在身上，烙在骨髓里

我穿着汉服，站在马鞍山城市中央
像一棵古老的小草
在现代的视觉中，我是一种徽记

徽记，在我眼里更像一个地理名词
安徽的徽，标记的记

车过马鞍山

车过马鞍山，鸣了三次喇叭
我所感受到的穿越，不仅是一个时髦的名词
更是一种极速体验

第一次喇叭将亲友从汉朝的江流中唤醒
第二次喇叭让我们从唐代李白寿终传说中
回过神来
第三次喇叭的时候
我们正在城市中心缓缓穿行，满目的繁华商店

在马鞍山眼里
人们车子行驶的速度永远赶不上时代的变迁
一切行走的事物
都像蜗牛一般

马鞍山在诗中飞翔

邢海珍

一道历史的划痕，便生出水的音响
一千年一万年，如饮泣，如歌唱
很曲折的心事流淌不息
无数个春天的记忆，如今是一条东去的大江
山光水色，映照岁月大写的年轮
遥远的风雨落地
雕刻出一座马鞍的意象

大诗人李白来了，盛唐的水路山程
诗仙从天而降
深情拥抱江南美景水乡风物
生命驻足，这是诗歌落脚的地方
豪饮一杯酒，剑指苍茫
有当涂十咏，字字闪光，情深意长
把灵魂的大门向后世敞开来
一声吟诵，如江风般狂放

乌骓去了，把马鞍留下
天地间便有一声神奇的绝响
从悲剧中站起来
不甘寂寞的马鞍山崛起在东方
李白的大名在山水间流连千载
血性养育英雄情结

以有韵的汉字，打造诗意的辉煌
有青林山在此，有太白祠在此
认准这中国的风雅之地
马鞍山，这里是诗的故乡

有一种睡眠，是生命前行的方式
诗人李白曾扶鞍远望
走进汉白玉雕像，一曲大梦悠长
马鞍之上，诗的精神不老
是舒展的性情，有飞翔的思想
一座城市也像一座山一样
底蕴深厚，梦境开阔
胸怀里铺开一道长城，涌动一条大江

李白睡了，在梦中成仙
酒润山川大地，草木在诗意中疯长
他睡去，却让千秋常绿的松柏睁开眼睛
他睡去，却让万代不老的翠竹挺起脊梁
石臼湖畔，诗的瞳孔灵动而深邃
守望着大地之上万世不朽的阳光
江山厚朴，民心悠久
先生之风，山高水长
五言七言的风景里有良知高高站起
大善大美的狼毫笔，指认心灵的远方

在一个春天，我忽然醒来
千年后的马鞍山被新世纪的晨光照亮
大诗人李白在历史之上
美丽的马鞍山在骏马之上

我看见万里山河焕发着进取的光彩
一个伟大的民族为明天写下锦绣篇章

行走在诗情画意的江南
这里是梦境和天堂
历史与现实在诗歌中相逢
有一座山正在崛起，有一条江流向远方
朝阳升起，长三角汇聚八面来风
大时代的骏马生出强劲的翅膀
魂兮归来，诗仙李白衣袂飘动
看美丽的马鞍山正在诗中飞翔

项羽的爱情

葑凌渡

玫瑰血

一朵玫瑰，战事的硝烟遮盖了花瓣
历史的长河边，热血在祭祀垓下的山山水水
一颗寂寞的心，盛开了史记般的豪情
垓下，那棵棵树，那朵朵花，都是英雄

奔跑的爱情

一滴泪的温度，盛开了春天
还有河流。遗失了的爱情在流水上奔跑
那个缠绵爱情里的女子
那个在宠幸中奔跑的女子，美丽
被硝烟熏染了的美丽，还有那飘摇的裙摆
那英气十足的娥眉，这一切
在烟消云散之后，凋零与毁灭

墓地之土

岁月在地下沉睡了千百年，剑光锈蚀了
往事的尘埃落定，凹陷了的伤痕写着疼痛
这属于乌江的土地上
风在驰骋，雨在奔腾。英雄已逝

脚下没有一处是被你统领的，垓下
只是被署名了以英雄曾经的墓地
还有，那鲜红的血

红颜·虞姬

一个旷世的红颜，一枚卓然的玫瑰
写下了古典的诗篇
一个凄美的爱情故事，一段千百年后
被后人传颂的传奇唱段
战火远去了，硝烟成了烟云
谁都不能掩盖这段爱情，哪怕被遗忘
雨打花瓣，一滴滑落了锋芒的泪，洗净了历史

传奇之痕

谁在写乌江边上的爱情，垓下霸王别姬
泯灭的只是江上的那一盏昏黄渔火，心跳慢了
江水悠悠，夜空星斗闪烁
被刺伤的那朵花的心蕊，深处温暖了
爱情凝结成了琥珀，穿过光阴的小溪
砸伤了江岸边的恋人

剑·爱情

爱情走了，她在战场上停了停脚步
他的背影黯淡着盔甲的光影
虞姬面对这金戈铁马
英雄与剑，让泪洗疼了眼睛
那就给她/他一匹烈马吧，一路策马扬鞭

马鞍山断想

耿国彪

一

我没有到过马鞍山，但可以肯定此时头顶的云
有一朵来自那里
并且上面写着英雄的名字
那朵云蓝成一个流泪的汉字
蓝成沉重的盔甲和锋利的剑
流水千年，杀声不断
一匹马和一个人写下一片土地的性格

二

我很想做一个头枕长江的梦
让悲情的雪花成为马鞍山清晨的露珠
让八月的呼吸汇聚成钢铁的合唱
那是波涛中的睡眠
带着阳光的思念和鹰的飞翔
当年的一副马鞍
成为了长江之枕
平稳的水流中有大地的鼾声

三

清晨的第一缕阳光
是炼钢炉里的余火吗
一座钢的城市
耐得住高温的炙烤和火的锤炼
那些闪着光的矿石
是甜美的面包
冲压的钢板是平铺的餐桌
吃吧，吃吧
我只是
一只来自远方的飞鸟
屏住呼吸
不敢打扰你的雅兴

四

我坚信今天青色的矿石内
有着乌骓马的基因
偌大的一个城市
包裹着钢铁奔跑

坚硬的马鞍上
230万人俯下身躯
长江边巨轮的汽笛
是它们摇响的铃铛
当奔流的江水变成了
高炉的润滑剂

这里的每个人
都是可以荣归江东的英雄

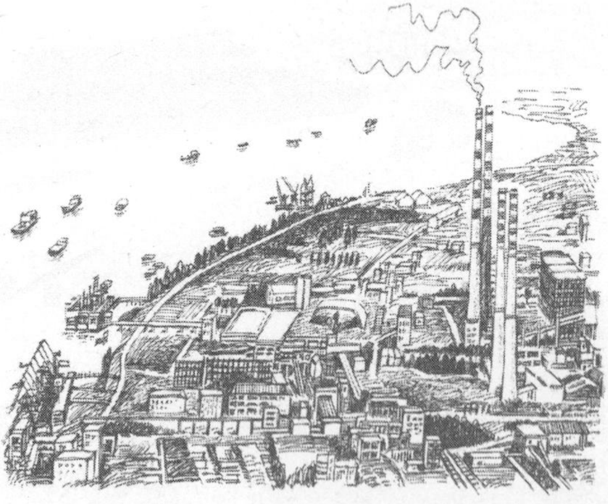

致李白

韩玉光

上篇

后半夜的时候，月亮升起来了

想起李白借着月光
变出了一座花瓣上的故乡
仿佛唐朝最有才华的魔术师
在一片桂花下饮酒

无所谓天上的水还是人间的水
无所谓白发还是红颜
能够活在月亮上的人
都是有福的人

他的目光建起了夜色中的甄山寺
红尘很红，松柏很老
一千多年后，我在马鞍山的大街上
散步，仿佛一个书生
牵着一匹马走在一阵钟声中

李白坐在词语养大的马上
我抬头望了一眼马鞍山
再高的山，总会有人

坐在山顶

仿佛他用月光轻抚着甄山寺
一间陋室顿然生辉
仿佛我就是那个闭目诵经的人
就是那个将木鱼当成火柴的人

下　篇

后半生的时候，月亮升了起来

一晃四十三年
我却还没有真的理解了生活
我和李白一样远游、写诗
做梦的时候也会将月亮当成故乡

很想去长江东岸的采石矶看看
看看江面上落日远去
看看太白楼上的时光流逝
为了与李白匆匆一遇，我
来到了马鞍山
竹林在溪水旁静静地站着
不是孤芳自赏，只想
在尘世中悄悄守着水中捞月的梦

是啊，一晃就千年过去了
过不去的是自己的欲望
一点一点在水面上泛着涟漪

秋深了，像桃花潭水一样
送来了或大或小的浪花般的落叶
在繁星密集的地方，我
像一个默默赴约的人
不肯错过灯火通明处的温暖

马鞍山诵读（组诗）

许　岚

在马鞍山，读乌骓

我的马，一匹接着一匹的
脱了缰绳，涌向马鞍山。它们是马鞍山
的洪荒，是项羽最心爱的坐骑
它们在乌江边仰天长啸，或者低头默哀
它们的名字，都叫乌骓
浑身像黑缎子，四蹄白如雪
它们年轻，粗犷，也豪迈
它们和项羽一样豪饮，纵横沙场
英雄气概，力拔河山。它们和项羽一起
中了刘邦的十面埋伏，唱了一曲四面楚歌
乌江，是它们的归宿。有什么比投江
比不肯过江东，更能说出它们此时的心情
它们做了一回屈原，用生命敬畏了一种尊严
一种热爱。千匹万匹乌骓，伫立乌江
聆听李清照的泣唱，重温昔日的刀光剑影
它们，安安静静地立成了一座山
一座城，一座城的故事，一个故事的开头

在采石矶，读虞允文

两条路径可以直接抵达虞允文。一条是诗词
让文官下轿。一条是江山，让武官下马
我是翻越采石矶的硝烟，抵达的
我不知道，我是他诗词里的哪一缕春风
采石矶的厮杀声，在历史的篇章里呼啸着
我不知道，我是他江山里的哪一兵哪一卒
翠螺山，太白楼，每一棵古树，翠竹
都是虎虎生威的将士。我的心境
蓝得像长江的水域，澄净的天空
这是虞公文韬武略，驰骋疆场的沃土
国破山河在的痛楚。他从一介书生，丞相
到民族英雄，他仅仅用了一片丹心
用了一场战争
采石矶，1.8万宋军大捷15万金军
左青龙，右白虎，是他冲锋陷阵的将领
南宋的历史，被他重新洗涤。晨春的草木
沿着他行征的足迹，深入他的身体，生长到他的
天堂。浪花的大合唱，每天都在高歌一个传奇
杨万里的挽词，赤壁再乾坤。毛泽东的千古一赞
每一笔都如万马奔腾。棉丝树的泪滴，像一条
永不干涸的河流，每天都在泉台追忆
故土守墓人，是虞丞相根植的知己。830多年来
一直怀揣宋孝宗的诏书，虞丞相的家国情怀
日夜呵护，传诵。就像呵护和传诵，宋代的江山
自己的姓氏。作诗的羊群，马匹，已经苏醒
我相信，我不是最后一位虔诚的诵者

在太白楼，读李白

你是矗立在长江边一块巨石上的
一座中国精神坐标，或者中国诗歌的庙堂
像一颗胎记，牢牢地根植在华夏的心脏
李白。霞光为你梳妆，晨曦为你献茶
你伟岸庄重的一撇一捺，长出诗歌的翅膀
藻角，飞檐，像龙头，像鱼尾
像层层叠叠的诗卷
风铃翻动的声音，是时间书写的墨香
你把中国诗歌的美，印上唐朝的印章
装订在山河。你的天空，你的心境
比诗歌更辽阔，高远。从此，你的生平
你的每一个足迹，都是一首诗了
我爱读你的每一天，每一时，每一刻
我爱读铭刻于你胸膛的每一个文字
雨中的诗意，阳光下的澄净，酒里的豪放
我爱读你心中涌动中国的理想
你的诵读，如此掷地有声
像一把钥匙，打开了一座楼的气质
一首诗的心窗，一个人的胸襟
一个国家的高度，力量

李 白

远 洋

散发不成遂泛舟于酒，烦忧
在你心内。与故人俱逝的烟花
飘然，众多的日子亦弃你而去
而你的坐姿如云
在整个一生的下午，独看
秋天的山岫

于是，醉
不料醉就是醒。因为
斟的是自己心情是黄河之水
又不禁拔剑四顾，以宝剑自许
怅望风云际会之日，铿锵
溅落泪滴。叹行路之难，叹
大道如青天仍没有出路
转而抽刀断水，斩不断
三千丈的白发和万古之愁若瀑而泻……

才明白自古奇璞遭谗被践
圣贤寂寞，诗赋万言不值一杯清水
终不能舒展大鹏之翼，且退又不能
作逍遥游
而羽化成仙，那么干脆
宣告自己是楚地狂人
仰天大笑，却抑止不住

在自己的笑声中
落泪。这时醉就是醒
月影孤独。徘徊，徘徊在月下
你已是瘦的诗人
长歌当哭，悲愤的吟啸
惊撼天上地下的神仙鬼魅

结缘与酒归路是月。你
啸傲于世、悠悠独步古今的歌者
上下求索只落得贫与病，酒不醉你
你自醉——醒里醉里凌空而行，披发而舞
蘸漫天月光酣畅淋漓
写万古忧痛沉郁的情怀
曳满山河的云雾汪洋恣肆
舞千载豪放飘逸的衣袂

马鞍山，谁山水相依的祖国

韩簌簌

一

是太白兄吗
知道你归来，在今夜
你回乡，以陇西布衣的身份
以诗中帝王的身份。不用自报家门
就凭腰间，那只泠泠作响的酒壶
和那半轮，姣好的峨眉山月

此处清风，还是那缕追到夜郎西的清风
此时明月，还是与你对影成三人时的明月
在蜀道那边，他们盘桓了千年
观望了千年。在等你的间隙里
他们，只是偶尔
从你的诗句里跳脱出来
看一看，这繁华依旧的人世间

二

这是三月
桃花失了江东，转而把阵地移到川北
多么迅猛啊
这些粉红的火苗，瞬间就把你的皖东点燃

今夜的月亮，从东门移到南窗
如此不离不弃
我知道了，这枚椭圆的古璧
是作为信物，从你那里寄过来的
地址是长安，时令是唐朝
这五个花瓣的邮戳，是桃花
私自刻下的印章

三

大匡山有幸，目睹了一位白衣少年
蜕变成诗仙的流程
1300 年的时差太宽，我等不了那么久
也接不住那么多年漫漶的月光
我只能蛰居在你的《静夜思》里，捞取
一地细碎的银两

你归来
你手把书剑，袖笼中藏着日月山川
你衣锦还乡
这一腔热血，岂是朝廷消受得了的
这些年，不知那水晶宫里清幽的岁月
可否折旧过你青山绿水的梦想

蜀道，本也是水墨丹青
云纱轻拂碧水，翘檐留住云翳
为了迎接你
一幅阎氏横轴，早已在崖壁上铺开
江油，你的青山白云的故乡

他们，已经等得太久
这是你一个人，山水相依的祖国

四

游黄鹤楼你就游吧
偏叫那白云绕笔于窗前乱飞
你也太玄了吧——竟然用月光酿酒
那酒啥味啊
五花马千金裘也舍得换酒喝
端起武汉三镇这闲散的酒壶
再置玉笛三两声，竟能让五月飘落梅花

你可以没有那顶乌纱，但不能没有酒的浸润
你可以没有那身锦袍，但不能没有月光的包裹
你笑看那些公卿王侯，都湮没在你的酒里
月亮只是你心中的恋人
这酒，才是你朝夕相处的妻
当镜花水月都成往事，只有你的诗歌——
才是你最孝顺的女儿，所以你呵护她又放任她
——你呀

五

大江，终还是认出了你
把一壶碧螺春泡出了火候
来来来，李白兄
快放下一路劳顿

别人把才气当做钥匙，撬开功名
你呢？率性就让大风吹
吹薄了力士的面皮，抵倒了国忠的权杖
呵，使你不得开心颜，管他天子是谁
贵妃娘娘，又是哪一世的狐仙
当世间天色突变
你青崖间白鹿且放，依旧访寻
心仪的山川，并随樵夫与耕者
一起遁入
江山画屏之间

六

是你
习惯于以山为笔，以水为墨
把自己拓印于无处不在的风里
我曾多么担心——
当你日渐苍老的容颜在时间里风干成发黄的底片
到头来留下的，只会是那些
在月光下漂泊，在来处张望的诗句
那时，到哪里再去找回乡的归程呢

所以早就想说——
你该回去看看了吧
你望不见秦娥们的幽怨，
你该听到汪伦深情的悲歌了吧
你不想做蓬蒿，就大笑出长安
不愿做异乡客，就牵挂咸阳树
当高堂明镜悲白发

你终于把一腔愁绪，都洒落在回乡路上了
我知道你依旧醉着
可世人都在“醒”着
处处乡思，绵绵暮雨阻一程又送一程
待长亭唱罢，明朝酒醒——
你依然会，逍遥散发弄扁舟
——这就是你呀

于是你的人生走出时是问号
归来时成了大大的感叹号
于是你身后的那座碑上
刻满了相同的两个字：风骨

一个不会天黑的地方（组诗）

李庆贤

一个不会天黑的地方

准备好了，我要去一个天不会黑的地方
那里金色抱着绯红，流水抱着石头
当然哭也抱着笑
一切的一切，生命被激发，碰上了闪电

在我的计划中，没有《蜀道难》
只有《将进酒》
把我带进微醉的状态
正好用来接吻，或者芭蕾

如果愿意，我可以解读《诗经》的小镇
像解读心潮上涨的水声
响成山溪之美

那里会给我十二级的春风
我要接受
并藏于九百六十万平方公里的宽大袍袖
然后用鹧鸪发出召唤
忽地叫出我的姓名，被清香簇拥

走遍江南七省，行李越简单越好

只要够发芽，够吐绿，够从一人心上
用来结缘就行

致Z信

农历癸巳年夏夜，我做梦把你放到歌赋里
用三面的流水和环山喂养娇颜
喂养自己的虚荣

我从不怀疑，我在你的周围就是盛开的野菊
用朴素的面容，自说自话
直到时间把我变成老人
陷入深深的回忆

那时，我会想起你曾住过的屋前
鸭子划水，蜂蝶扑腾
多少年不知多少年，它们相安互戏
让我的粗衫布衣卷起岁月
简直忘了困苦

有人说，这就是爱情，样子有蓝也有紫
而我碰见过一个江南人，他风度翩翩
对我讲起杨贵妃的荔枝
说是怎样的又大又圆，肉多很甜
说是怎样的为了保鲜爱情，让一个国家跑断马腿

今生你自去花丛，我在来世等在路旁
用最美的忧郁把你领走

天亮前

天亮前，我要你为我留下夜晚的温情
把南山当窗帘，把窗帘上的丛林
捂在翠绿掌心，不要打开
让天空的明月叫人永远举头
让斟满的酒杯，盛装一滴桃形花叶上的露水
打湿相望的眼睛

天亮前，让我们重新睡去
躺在四角印花的蓝色床单上
像躺在春天的版图之上，梦的云朵飘来荡去
比一块没有重量的丝绸还轻

就这样，千年时光慢慢悠悠
无数安宁从身后抱住微吟的呓语时
自它的手臂上传来薰衣草的清香
缭绕深深呼吸

别醒来，在一千零一夜的故事里
南山在窗外小心收集鸟声
怕吵着爱情的耳朵

春过马鞍山（组诗）

胡　弦

临江望月，怀李白

月亮总是令人不安。
当它浮华的脚步在碎澜中传递，
江涛，如同我们肺腑中正流逝的一生。

它以那么多绝望的光应对
真实的黑暗。当它
从江东来到江西，虚妄的荣耀
如同江山，从一代人传到另一代人手中。

它不赏花，不饮我们的酒。
地上，我们舞蹈时凌乱的影像，
是它删去梦想与痛苦后剩下的记忆。

圆满总短暂，它也曾像某个
未知世界的入口。
而在更多的日子里，它模拟那缓缓打开
和关闭的门。

谒李白墓

风带着暖意，像安慰，
时间像一种更缓慢的安慰。它们
已同时找到你的宽袍大袖，
在另外的空间……
江南三月，马鞍上的春天比钟声还快，
古老的醉意寻找着新酿酒。

你会在一阵怀想中归来吗，一如
你歌颂过的事物所获得的永生？
明月、微雨、青霭、山峦——
多少石头掌握了吟哦的技巧，独有
做成你墓碑的这一块，
守着寂静，沉默不语。

在澄心寺品茶

梵乐在殿堂里盘绕。
馨香与烟缕在纠缠中飞升。

远处的江水是悠远钟声，一尾
从那里游到香案上的鱼，
一声轻敲，我们就彻底静了下来。

半盏茶功夫，我们内心的静，
已是壁上绢纸的静，
已是茶叶把自己一点点交给水的静，

已是这陈年木案幽幽的静，
已是许多事过去后，重拾的静。

斜阳中的墙壁如金色经卷。
高大的古木，正在起伏的光阴中嬉戏，
像一群不谙世事的孩童。

某咖啡馆：忆旧

1

波纹在木柱里沉睡，
窗上的薄纱仿佛凉透了的花枝。

你沉静，过于温柔。
一阵风在我们心中旅行。
你的手停在幽暗的桌面上：一阵初雪
在季节里旅行。

2

拐过逼仄的楼梯，上面
就是初夏了。空气中，
浮动着类似记忆的暗影。

糖在咖啡里融化：某种不明的变化
在摸索时间的结构。

玻璃花瓶已经替代过什么。
一个下午
正消失于它的寂静。

沁园春　咏马鞍山

费自平

鞍配新驹，水蕴佳词，嶂幻彩身。看山都水市，仙园梦境，将军墓室，奇景凡尘。松石弥珍，纯情丝画，钢铁争先前路奔。民歌唱，这人间胜地，醉了仙君。

谁将彩画更新？是巧借东风鞍市人。赞男开阔路，女斫荆棘；老争奉献，少比辛勤。跃马摧枯，扬鞭折桂，实干能教梦变真。锤镰引，驾和谐风去，前景缤纷。

摸鱼儿　采石矶看长江

陈斯高

采石矶、雾遮云漫，无边金叶飘洒。轻风细雨飞无主，川原葱郁如画。排浪下，感万里长江，欲把胸怀写，情倾意泻。任前路长长，人生漫漫，大道纵奔马。

前途上，莫恋红尘翠榭，休贪绿阁金瓦。沧桑正道依然在，要把锦帆高挂。休惧怕。坎坷路、挥鞭催马关山跨。痴忱未罢。待春满山原，花香万里，再把铠衣卸。

第二届中国诗歌大赛
暨中国李白诗歌奖
获奖作品

行吟孔子故里（组诗）

黄亚洲

杏　坛

孔子三十岁那年想到了杏树
想到了杏树的多果，那是意味他招收弟子的众多
想到了杏树的正直，那是指教学的成效
想到了杏仁的药用，那正是治国的急方

就这样，在被战火烤裂的土地上，他
想到了“国家栋梁”这四个字
想到了树干和树冠，这都是能够
托住苍天的东西

于是他开始种树。他所谓的“三十而立”
实际上，是
立起了一棵树

为这棵树，春天送来了风
夏日送来了雨
前前后后三千弟子，送来了
风雨中干燥而热诚的心，以及
琅琅的书声和韶乐
这些，都是构成一粒杏仁的成分

三十岁这一年，孔子种下了杏树
他的“有教无类”使繁星般的杏仁，储满了
药香。而他自己，则是挺拔的树干
他为中国的很多时代
撑住了天空

我愿意坐在杏坛的台阶上，久久怀想
一个植树者的三十岁
我的思念，由于年代过于遥远而微微发苦
这正是一粒杏仁的品质

孔鲤墓

还没有走近他，他那句诙谐的名言
就随着青草的香味扑面过来

他对父亲孔子说：你儿不如我儿
他对儿子孔伋说：你父不如我父
谦和之极，也自豪之极。他深知
自己是两座高峰之间的缓冲

云霞，选这缓冲流过
鸟群，选这缓冲飞过
松树与柏树的脂香，也成群结队选这里走过
他觉着了自己的不可或缺

在孔子的《论语》与孔伋的《中庸》之间
他不再布置思想，而是布置了水
布置了上游与下游
同时把自己，布置成为鱼

我是个凡人，在
拜谒了孔子墓之后，我多么愿意
在他儿子的墓前，也拈上一炷香
我要凭吊这位以鱼为名的人

深潜不露，也是福分
你在说完那句诙谐的话之后，可否
分一点河底的卵石与水草

予我嬉戏？

陶醉于汉魏碑刻陈列馆

就让我醉倒，醉在“礼器碑”前
醉在“乙瑛碑”前
不要说此刻无酒，门外庭院里的紫荆和寒梅
已经把这个世界，酿造了两千年

让我醉倒。这一刻，每一撇和每一捺都伸在石碑
七手八脚扶起我，陪我驶往汉代
相逢知音，它们从不怠慢

庭院里那两个憨厚的石人
嘱我一路平安，他们知道
无论是西汉还是东汉，路途都比较遥远

让我如愿躺卧于汉代的草坪
仰看长安与洛阳的日月经天，看这幅构图上
雷电的一弯一钩与飞鸟的一撇一点

让我陶醉于艺术的结构、布局、谋篇
让我感谢顽石两千年的保管
让我大醉醒来之后
握笔，面对一张宣纸，忽然成仙

在颜庙，观“陋巷”遗址

有许多欢乐会选择陋巷穿行

这我是知道的
就像断墙后头，经常伸出
一树玉兰，或者一株红杏

我在颜庙行走，就听见了花朵的笑声
甚至还有月琴的声音
三千年前，颜回就是在这里仰脸喝水
他的水瓢里有蓝天，还有白云

孔圣人就是这样感叹他：“一箪食，一瓢饮，
在陋巷，人不堪其忧，回也不改其乐。”
因此在我想象里，颜回的那只弯弯的木瓢
不是为舀水的，而是一把
纵情弹唱的月琴

他跟随孔圣人颠簸半辈子，荣归后无官无爵
但他仍然有很多东西，有歌声
有陋巷，有木瓢，有欢欣
他喝完水的时候，就美美地倚靠着断墙
断墙后头，就伸出了玉兰或者红杏

一个人，只要喝饱了人生至理
空空的水瓢，也是一把
生命的琴

孔子观川亭

要说清楚时间的永恒，说清楚“时不我待”
没有比这更好的角度

您目光的钓竿，一下子就
钓住了一条河流
这条河叫做沂水，现在它
挣扎在鱼钩上，连身子都蜷曲了起来
它肚皮上所有的白色浪花，在阳光下
暴露无遗

您说“逝者如斯夫，不舍昼夜”
这是您看清了它全部的秘密
实际上，您也是在开掘自己的以及弟子们的谜底
您用一条河，钓动了人心

就这样，用一条河与一个角度，您说明了
人必须在渺小的同时，显出自己的伟大
这个结论，现在进了您的鱼篓
而我为什么，这一刻，却痛苦得蜷曲起来?

我是这么懒，像一粒
一动不动晒太阳的卵石
我日夜坐在河边，却始终看不见
河流的角度

孟母林

一个诗人，为什么现在
忽然，想为文学流泪
就是现在，在向一位伟大的母亲合掌之时?

是不是忽然想起，一群奔跑在文学里的故事?

那是一群朴素的故事，朴素到赤着脚奔跑
譬如“孟母三迁”，譬如“孟母断机”
那群故事冒着大汗，一头
扑到了我怀里

更早一些，那群故事，扑到了
我母亲的怀里
更早的时候，扑到了我母亲的母亲的怀里
那群故事，是一群善良的兔子

孟母在拨开这些松柏的根须，安静入内之前
先把她的这些朴素的长脚的故事，留在了
外面的土地上

她让这些故事吃草，长力气
并且让自己的儿子亲自动手，放走了那群故事
她的儿子是“亚圣”
与亚圣一起，流泪坐在故事里的那个人
现在是我

我想起了我的母亲
我母亲，也是一个捧着文学长大的女人
她的书，从第一页开始，就奔跑着孟母的故事
因为那些年，我也在母亲的书里奔跑，并且闯祸

因为你的调皮也曾与我一样，所以今天
你也愿意坐在这里，坐在亚圣的旁边
坐在满园的松树、柏树、楷树、桧树的旁边
你也哭了

一群善良的故事，喘着气
围坐在你身边

悲悯之书（组诗）

陈　亮

我大娘死了

我大娘死了！在大哥家里，我看到了
好久未见面的大爷：须短，颧高
腮塌，头发稀疏斑白，多像已经去世
多年的祖父啊！他被多种病痛折磨
已很难下床了，他在用一块油灰的布
使劲擦着眼睛，因为白内障，已经
认不出我们了，听到我们的声音
又委屈地哭了起来。他在念叨大娘的好
——尽管年轻的时候，曾当过军官
探亲时腰里也挂着匣子枪，背后
跟着两个警卫，威风的时候，曾多次
想休掉大娘，都被祖父拦住了。生活啊
时光啊！真就把两个水火不容的人
捏到一块去了，他的肉成了她的肉
他的血成了她的血，他的骨也成了
她的骨，他的脾气成了她的脾气
她的命也成了他的命，到了最后的光景
少了谁都不行了啊——去墓地的路上
大哥在前面抱着棺材盒子，所有的人
都低下头：即使和大娘积了多年怨气
一直都不和大娘说话的父亲也哭了

他的膝盖因下跪而沾满了泥浆和草
全不管不顾了，他的嘴哆嗦着，念叨
自己不是东西。一群麻雀石块一样
在我们身边漂浮着，翅膀上掀下来
一些类似于骨灰的东西，包括槐树上
隐身大哭的知了，可都是我们的亲戚啊

落　日

落日委实疲倦了，但熬到最后一刻仿佛被
打了鸡血，突然就抖擞起来
它想亲眼看着那个弄瘸了腿的泥汉
摇晃着成了一只可怜的蚂蚁——
他老婆跟人跑了，他娘常年瘫痪
没人来伺候她的吃喝拉撒
它想亲眼看着一个半瞎的光棍老人
从地里挑出一担地瓜，不留神
被石头绊倒，他摸爬着捡拾那些混蛋的果实
突然堵了气，用荆使劲抽打起自己来
——老槐树背过身去，鸟兽心绞目乱
它想亲眼看着一个忙着割草的哑妮
她的棉条篓里还很浅薄，稀疏
她身体里挤满了牲畜们饥饿的叫喊
她的初潮来了，却浑然不知
身后的大片的草坡染成了红草
它想亲眼看着那头已吃不下嫩草的牛
还没挨到村口，就轰隆一声——
歪倒在地上，再也不想起来
愤怒的主人把铜牛鼻都给拽断了

它想亲眼看着几个在村北挖坟坑的人
村里已经捧起笙乐，他们挖得很卖力
没看出来悲伤——挖完了把工具一扔
点上烟，先躺在里面试了试
似乎很惬意。风吹着他们，很快就黑了

好风景

我想描写一个秋天，火车远去，田野沉淀果香
手指与头发接触会引发出静电
化石里的虫子恶补鸣叫，似要吃谁的肉
路上再也没有上访挨打的人们
也没有被菜刀追赶的偷牛贼
也没有冒着黑烟鬼使神差的无牌卡车
那时候，父亲和母亲也回来了，彻底治好怪病
村庄里所有所有消失的人都回来了
——包括跳井寻死的王寡妇
疯掉走失的李足，被煤矿活埋的吴猴
还有从小被拐骗到未知地的徐丫头
以及要饭去了外乡的铁拐李
还有很多我们从来没见过的人和牲畜
他们全回来了，全都是红光满面
体态轻盈的样子，仿佛已经脱胎换骨
或刚从大炉里重新塑造出来
他们拥抱着寒暄，或不正经地笑骂
然后攥着手小心地赞美满坡的好风景
赞美天上出神的云朵。似乎好多年了
他们是第一次看到田野这么美，云朵这么美
还没细细回味，美的一天眨眼就飞了

就像你在凝视一群色彩炫丽的蝴蝶
看着看着就消失了，而眼睛
却花在了那里，最后，你睁眼瞎样
用手四处乱摸起来，竟全是些粗糙冰凉的水泥

那些来来去去的人

不管晴天、阴天、雨雪、风暴还是天黑
都能看见他们，有的推着独轮车
有的赶着马车牛车，有的开着
哆嗦得快不成堆的三轮或者拖拉机
或是肩扛，手提，背驮，或在生拉硬拽
有老人、中年人，还有舔铁锈的孩子
一律粗糙黝黑，腿短臂长，破声赖气
还有去私奔或端瓢乞讨者
还有躲逃计划生育和屁股上的债务者
还有暗地里做了坏事被官府缉拿者
有家破人亡，不得不离乡背井断了心肠者
——普遍的内心不净，眼赤，转圈发急
他们藏着很多病，或被赋予许多罪过
有的走着走着就彻底地倒下了
或是仅仅就被一眼牛蹄窝里的雨水呛死
或被流寇抹了脖子——似乎都没有
留下脚印，或其他存在的证据
只留这条老路在尘土飞扬，漠漠无限
——他们永无宁日，不断地来来或去去
尽管，谁也不知道是来，还是去——
当你像落日一样的倦了，闭上松弛的眼睛
他们就会在梦魇里继续影影幢幢

一律猫腔呜咽，一律是悲剧的脸庞
仿佛是些纸扎和泥糊在给谁送一场大殡

雨还在下着

雨还在下着，残废的法桐耷拉着头
像块块尿布，有几片生锈的叶子
咔嚓跌下来，将过路的轿车打瞎了左眼
——它捂着眼睛尖叫，躺在那里懵了一会儿
就咒骂着离开了。车轮溅起泥污
弄脏了树下一个摊贩聋哑的水果
已经很久了，摊前没出现过一个客人
光线模糊，破旧的雨篷滴答着漏雨
男人戴着草帽，在啃一个烂了一半的苹果
女人的肚子大得吓人，痴呆的
铰着一穗葡萄的霉粒，或嘴歪着呕酸
孩子的脸很脏，佝偻，难分性别
——左手拿了块长了绿毛的面包
右手逗弄一只被雨水和垃圾揉成癞皮的狗
纵深处，没有光，老人在棚窝里呻吟
她的牙已好多天没沾米水了
却坚决地，扯掉了插在身上的管子
孩子屏住呼吸，他的眼白纠缠着越来越多的乌云
还有老化的电线刺出了零星的幽蓝
他们的雨篷，很快就会支撑不住了
却丝毫没见收摊的迹象。世界苦闷
男人想抽一袋烟，哧地拉亮一根火柴
映出了一张被火烧过的，饿鬼的脸——

太平洋有理最大

盘妙彬

孤独的味道

太平洋岸边的阳光白而大
房屋分切它一砖一砖，白瓷一样
街上空无一人，阳光白而寂寞

晴空万里，没有风
太平洋不吹风，花莲县白而寂寞
小铁轨发蓝，伸向海边
火车开在太平洋上，没有一丝波浪

影子静默如铁
陷入时间深处，一艘起航北海道的轮船
被钉在港口

一个正午的花莲县
白瓷的阳光和蓝色岩石的太平洋
有很好闻的孤独的味道

此去今日，再无广阔

台湾花莲，一人独对今日
大海斗量之今日

此去太平洋无遮无拦，一望无余
至美洲大陆凸起
夏威夷一粟，关岛一粟

金字塔一粟，罗马城一粟
秦朝一粟，马丘比丘一粟
国家杜马一粟，共和党一粟
太平洋是农夫，种万颗种

不会有另一日和另一地方
今日宽余，一人独对，太平洋有理最大

无一物，无风

拉开厚实的窗帘
太平洋是另一块窗帘挂在阳台，深蓝
无一物，无风

没有天空，太平洋到了屋檐
它高于屋顶的部分不可知
深过阳台的部分看不到
大海洗过的太平洋，无一物，无风

波澜壮阔是他人的
惊涛骇浪是他人的。我的，深蓝，无一物，无风

完整的一块深蓝
完整的一块深蓝18 134万平方公里
无一物，无风

我心至此，11月9日

好了，我已登车

火车亲密地贴着太平洋奔跑
火车跟随大海转弯
一张脸仰头饮水，像一头鲸浮出车窗玻璃上

从眼前到万里以外
地球饱满，盈盈，蓝到了最薄的时候
光阴也蓝到了最薄的时候
我也蓝到了像一滴地球，饱满，盈盈
火车的弧度亲密地贴着海水

转弯的太平洋，蜿蜒的太平洋在光阴中一直绵延
我的心发出金子的叮当

开镰曲（组诗）

李成恩

开镰曲

通天河畔集体互助劳作的人们
唱起土地的情歌，他们弯腰的姿势
在我看来——是美在弯腰

玉树的村民，腰肢后插着镰刀
镰刀闪亮，镰刀之美遇见了采诗的人

玉树通天河畔，青稞熟了
我也来了，开镰的日子在藏文历算里
是噶玛仁客——地水风火中的某一个元素日
在玉树的农耕节气中
噶玛仁客——一个准确的青稞成熟日

老人唱起深沉的开镰曲
人们向空中扬撒青稞粒
向众神灵祈祷人间平安

我取下纸笔一一记下开镰的仪式
我还用简谱记下——
哎——金色的大地上（男）
哎——撒满了五谷粟（女）

哎——万里九重天哟（男）
哎——降来甘露细雨（女）
谷穗大如八岁童（合唱）
谷粒饱满似鹏蛋

田中央堆起高高的谷堆
众人围坐成圈，祷诵经文
高喊罗阳——罗阳——罗阳（即好收成）
三声欢呼，我也记下

我的诗篇有了镰刀沙沙之声
我的纸上有了谷粒与谷粒相撞的诵经声

牧 女

黎明的女儿
赶着光线的羊群

珊瑚珠、海贝闪亮
牧女打开草原的门
请进来吧——
陌生的客人

光线的羊群嗷嗷叫唤
她才不管
她太忙了
她升起了炊烟

她蹲下来
挤奶
雪山也跟着她蹲下来
雪山的奶水
眼看着流向了草地
洁白的皮肤
像牛奶洗过的
牧女牵着我的手
去看她家的小马驹

我的舌尖
沾满了白色的光线
我叫她酸奶

我还叫她
酥油灯光

酒　娘

我坐在玉树的山上饮酒
只一小会儿我就喝醉了
我跟着山下人唱——
“不是阿妈是酒娘
酒娘伊西堪卓
吉祥天然山泉
酿成醇香美酒”

我对着江河源头喊——
酒娘酒娘
玉树的酒娘抬头看我
她唱——
“杂曲昂曲河水
是我故乡河水
杂曲昂曲河水
酿成醇香美酒”

我赶上夏季草原盛会是有福的
我喝上玉树美酒是有福的

我嘴里的青稞是液体的青稞
千万棵青稞在我口腔里跳舞
我体内的青稞
我血液里的青稞

我汗液里的青稞
一齐被酒娘喊醒了

酒娘酒娘
喂牲口的酒娘
也喂远方来的客人
——请你喝下这碗酒

远方的客人
像牲口一样高兴
像牲口一样嚼青稞

青秆青稞

再过半个月，青秆青稞就要收割了
我想再等半个月，我想推掉北京的拍摄
在玉树看青秆青稞收割的场面

收割，这个来自土地的词
此时，沾着玉树的风吹到我脸上
我脸上有了轻微的疼痛

赶在青稞还没有结实籽之前
开始收割，这是何等奇妙的农事？
我问缓慢散步的家畜
她们告诉我——
你看看我们丰腴的体态就知道了

天地有奶汁，在麦芒没有完全长出来时
奶汁还在天地的一排排小山似的乳房里
涌挤的时候，人们就趁早收割了

这是青藏高原的农事，与皖地的农事
不同之处。这是我投身玉树青稞地里
学到的知识，收割——这个动词
第一次在我的诗里有了奶汁的味道

巴塘草原

我爱上了巴塘草原
这一点都不假
假的是
那些白痴美人的赞美

你以为我会赞美她的牲口
她的积雪
她的野花
我不赞美世上任何牲口
因为它们活得卑贱
活得不如人

人呀
我们的傲慢
天生注定
我们的态度
总是高于牲口一等

在巴塘草原
你说你配低头吃草吗?
我们不配
人五人六
指的是——
怀揣一颗奴驭的心
总想骑在他人的背上

野花与积雪
都高人一等

致草原先生

先生，你的脸是太阳切割的
你的脸收集阳光，阳光的意义
正在改变，变得充满了人性

先生，你的脸上并没有过多的笑容
笑容过多的人，让我恐惧
我曾经相信了带笑容的人
但现在，我相信携带鞭子
抽打阳光的人，先生，你在黑暗里
抽打一个躲在媚笑里的人

先生，高原稀薄的空气正合你意
你倔强的嘴角涌出了笨重的爱
你的爱是一整块牧场的爱
在没有成为牧场之前
所有的青草都是没有意义的
在没有见到你之前
所有的诗篇都与你无关

先生，怀抱雪山入睡的那个人是我
我只爱雪山，只爱冰冷的山峰上
那一缕淡蓝色的阳光
在没见到你之前
我认为阳光是金色的

现在，先生，沉默的先生
我才明白阳光是淡蓝色的

先生，你叫什么名字不重要
重要的是你是草原先生
你是一群牦牛的仁爱的先生
你是我翻过一座雪山又翻过一座雪山
遇到的一片牧场一样辽阔的草原先生

自己的草深处（组诗）

李继宗

敲　打

我开始敲打，在内心深处，起初是一座大厦
后来是某种坚硬的壳。起初我还有些
耐心，希望敲打到有人来阻止我
或者，有人拿东西垫在我正要敲打的地方
比如玻璃，一座大厦的脸
比如办公室，一座大厦的心脏
我坚持敲打。甚至固执地
以为，我不会累。后来，我失去了耐心
只能敲打鸟的影子。一群一群的鸟
正在从大厦的玻璃上空飞过
一群一群的鸟，当我心不在焉
当我疲倦至极，正在从这里，向远处消失

晚　上

晚上了
把今天吵过架的地方切四四方方的一块出来
怎么样
回放我们是如何吵起来的怎么样
我真的要这么做了
在记忆的利刃缓慢切下去之前，不会切到你

摔碎花瓶的地方：你仍然委屈着
在所有的灯都不打开，从外面看这边的窗户上
只有月光时：你仍然委屈着
晚上了
我已经换了心情把客厅里的那一片黑切来切去
时光没有飞逝，鱼缸里的鱼吐出的水泡
茉莉花从桌椅那边传来的香气，这样的瞬间
你是知道的

有时候，我就像一个消息一样石沉大海

我噤声已久，从心弦上的旧梦凋谢开始
我就当哑巴给自己看了，我听见
四周的墙壁对我说着失眠，我听见开花的
春树对我说着过去，我听见风上路了
汽车转弯了，两朵月季恋爱了，我只是听
我看见小路旁边跟着大路，月色上面
跟着月亮，我看见我祝福过的人
出院了，毕业了，归来了，我只是看
有时候，我就像一个消息一样石沉大海
我让我此刻的宁静像蚂蚁一样互相
打架，然后，我月射寒塘般，又从中劝架

飞起来

不过如此：鹰已经飞起来，风已经吹动一张白纸
飞起来，大海上踌躇满志的波浪
已经飞起来

不过如此：骏马跑着跑着，就凭空飞起来
果实落着落着，就凭空飞起来

还有我们的思绪，我们一边哭泣
一边回头的男孩女孩，凭空就飞起来

不过如此：更多的时候，我希望石头飞起来

石头啊，棱已经没了
角已经掉了，更多的时候还压着身边的
野草，而野草让你有了裂纹，一道又一道的裂纹

牛　奶

我就这么被牛奶包围，如果不是做梦
我都不知道草地一角风影有痕
如果不是我在梦里捣乱，把奶桶打翻
和心仪的姑娘数漫山遍野的牦牛，掐野花
我都不知道一觉醒来，美，已经化作了星辰

我就这么被牛奶包围，如果不是做梦
那清凉天幕上，七颗星组成的勺子
我怎么能握在手中
我握住它的光芒它的铜，浑身有使不完的力气
我开始舀了，我开始舀了，我开始舀了
而她衣襟上牛奶的余香，却怎么也舀不走

林子边上

我在草地上久坐，抽烟，再次抽烟

哼一首小曲，望山下
树叶在空中飞舞
望见了哪一年的自己，在像风一样旅行
望见了水库，顺着波光粼粼的
一道道水纹，拾级而上
或者滑了下去

等到我回过神来，我还是在草地上久坐
默契不必了，也无必要说
这是久违的，我一直喜欢的

直到我拍身走人，直到手机铃声
响起，下山，直到什么都没有

回头看，身后是一片山巅上的小树林

还是在草地上

对啊，还是在草地上
还是在去年，还是只有我们
以及，那一片一眼望不到边的紫云英

多好啊，还是那一阵吹走了就再也没有吹回来的风
还是多尔多的羊群
从深草中抬起头来，从山上下来

是啊，还是在草地上
还是在帐篷里，外面的雨下得那么轻

你伸出手，后来你伸出手

后来，在草地已经给出的寂静里
就有那么一滴两滴雨
落在你的手上

自　嘲

有时，我的确需要做一会儿空气给自己看
像空气一样，听我所听见的
墙壁的失眠，像空气一样，听我所
听见的春树的过去，像空气一样听见
风又上路了，汽车又转弯了
两朵月季开到云起时又恋爱了
其实，有时我的确需要做一会儿空气
给人到中年的自己看
像空气一样露出我的深沉
撕裂，和凄然，也露出走出去很远
又接着回来的背影，以及
星光下，长夜里，即将覆盖到我梦里的露水

地　上

风吹旧事，翻过来的那一页里
破土中有无限辽阔的四周
那再也忍不住的四周

我多次梦见，一座森林携带着
兴奋的豆芽和翻新的古木

这样真好，它们慢慢张开
舒服极了的一公里：力气足够用
疲倦结痂后，光荣的胃露在风地上

不像……

不像听不懂赞美，含羞草
又一次把头低下了

不像下午能找到上午
下午一过去，天就黑了

不像草的身子，风的腰
前河沿一带的杨柳
摇摆得太严重了

不像我来，不像我去，可是
你内心的潮水为什么还越过河边桥栏
别的没看见，这个看见了

蹄　印

这是要稳住欢乐，还是要脱离哀愁，是什么样的
欢乐，又是什么样的
哀愁，看着这泥土上的一串新鲜蹄印
我，想得远了

大树林里，一阵刚刚过去的山雨
一群小蘑菇，石边，路过
来者自愿来
之后，风像风一样旅行去了

想成别的行不行，想成离群索居
背道而驰，想成一次追赶
或者，来了就不想走

我想得远了，其实初春的林子里还有些空
大致能判断来的
不是一只山羊的蹄印
就是一只鹿的蹄印，或者，是一只饥饿多日的狼

夏日秀

也不是不好，你说，这映日荷花开得再累
荷塘里的风，也能摸到

荷塘里，是热得不行的风
起落，滑翔
垂依的一个姿势，凭感觉，豁出去了

周围，依次是哭闹的孩子，撑开的遮阳伞
我们在湖边石凳上铺过的报纸
未及捡起，就被风吹走

午后，雷阵雨下湿了前河沿北园
蝉在树上，在绿杨荫里

一次次做着尝试
新的，脱壳的尝试，然后嗞一声，沉默了

遗 物

遥想多年以后，他们还在整理我的遗物
翻出一首诗，扔了，又捡回来
又扔了，这一次是主意拿定的那种
更有意思的是，他们
三番五次地举着我用过的一只茶杯看
我收藏的国家货币
邮票，根雕，玛瑙，毛笔，硅化木
被一一摆到桌上，阳光里
他们的脸，清晰，棱角分明
我试图在其中看到的悲伤和留恋
一言难尽，不如不说
遥想多年以后，空气通过我猜度
尘埃通过我感触，有什么用呢
一片山花继续摇曳着，蓝天
或者阴雨，周围的土不发出任何声音

名 字

给它取了石头的名字
于是听见它，骨碌碌滚下山去了

给它取了草卉
别人的绰号，于是看见它惹你笑
又惹你怒

有时候，我给它取各种各样的名字
我心里，这个半新不旧的
东西，它与你有关
你是知道的

你知道，我让它有名字时我能看见
没名字时，我看不见

之所以

樱花之所以宽阔，绯红
不想停下来
是因为你还没有再回首，你的爱，我的尘埃
还装在人间薄暮
这只安静的玻璃瓶里

杨柳之所以发芽，垂下曲线
依偎在湖边的春水之上
是因为你有时像风

有时像雨，有时像捉摸不定的山泉
很容易就散了
很容易，就化了

一百年之所以留下老地址
留下老路，留下小河
留下月照场院，是因为你一定来，一定路过
而我，居中，坐下，当然
希望我，是在一张发黄，泛旧的藤椅上

草

人们躺下，或者走在路上
都嗅到了草的气息
见面打招呼时，草成了第一句要说的话
随着时间往后
没有人再想草是什么
不是什么的傻问题了
人们相信了草的气息的到来
从前的廊台边、菜地上、沟槽里
草率领着草，人们还记得
自己曾经说过的狠话：死后最不行
就让草把我埋了好了

自　己

原以为自己，是满的，现在不好说啊
现在最多剩半瓶多一点了
原以为自己，可以装了又装

现在不好说啊
现在倒出去的，要比装进来的多
原以为自己，还有一副心肠
现在不好说啊
现在把挑好的光线装进去
把树荫里跳舞的小花
装进去，把有你的石桌旁装进去
把闲时光装进去
原以为这一切，是自己的风归云
空格键，现在不好说啊
现在是自己的渐行渐远，自己的草深处

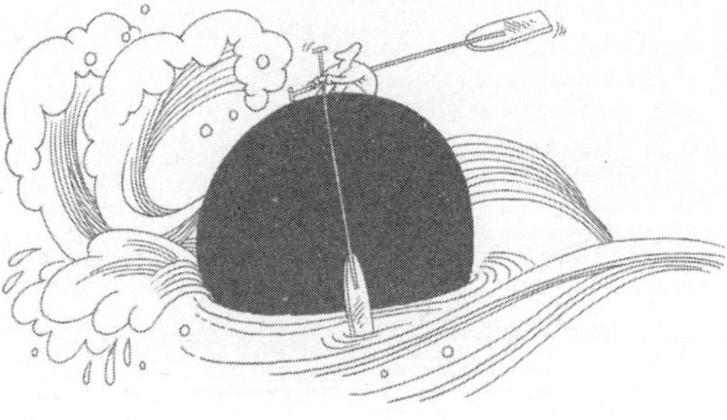

寻　找（组诗）

扎西才让

新的小镇

停下来吧，就在这桑多河边建起尼玛小镇
让远道而来的回族商人，带来粗茶、布料和盐巴

让那在草地械斗中丧身的扎西的灵魂
也住进被诅咒者达娃的家里

我不走了，我要与卓玛生下美姑娘雷梅苔丝
养牛养羊，在混乱中繁殖，在计划中生育

直到皮业公司出现，直到草原被风沙蚕食
直到羊皮纸上的一百年，被新的诗人重新书写

扎西吉

一条小街多么安静，晨光自东边街头升起
屋檐在光中颤动，波浪般鼓荡不息

早起的扎西吉，洗漱的扎西吉
骑着红色摩托要去县城的扎西吉

——你能带走我吗？

——你能带走我吗?

带我远离这牛皮纸一样韧性的生活
带我走入你的新鲜又陌生的道路

你的选择就是我的选择。我就是那个
失明很久的人，听到你自我的心中升起

冥　想

阴历十月，甘南大地上下着雪，那遥远的
太子山的山腰，还开着黄色的细碎的菊花

我们空有人类的想象，在阁楼上匿形
在树荫下昏睡
在暴雪之夜跟随银色道路到处浪荡

我们的灵魂，瞥见狼族出没丛林，虎豹带着智者
远走南方，只留下猴王高挂树梢
守着我们的村庄

一轮圆月下，人类的首领们毛发雪白
身无丝缕
各自坚守着他们地盘上那最高的山冈

人类的历史，必将被风一一翻过。而新的一页
将等待着另一种神奇的文字
开始完全陌生的记叙

情　侣

仓央嘉措空阶伫立。街道对面，廊下一对情侣
男子一头卷发，皮袄裹身，红色腰带垂及膝头

他肯定在拉萨长头叩拜，走过西川
逗留安多，恍若土司的儿子

女郎黑纱遮面，一袭墨绿长裙镶缀金边
她明目善睐，但眼中只有她的骑士

他们马靴漆黑，眼眸漆黑，头发漆黑
暮色里，拉萨街头的条石暗红

仓央嘉措转身离开，口诵道歌，隐入红尘
深巷里，一对情侣渐渐远去，回到他们的俗世

寻　找

雨水寻找大海，汗水寻找皮肤
我寻找母亲，母亲寻找家，家早已分崩离析

母亲回来，寻找我。我寻找我的女人
我的女人跟着陌生人，离开了生她养她的土地

模　仿

黄河在流淌的过程中，模仿着乳汁

乳汁盛在碗里，洒出的那一滴，模仿着乳房

乳房在野外隆起，模仿着山丘
山丘安安静静的，模仿着坟堆

坟堆横陈在大地上，模仿着天上的星星
在夜里，星星模仿着围棋，围棋又模仿着敌人

敌人模仿着仇恨，仇恨沉淀下来
成为黄河河底的泥沙

也许现实几千年来就是这样，也许不
比方我吧，一刻钟前还在写这首诗歌

现在，我已在阳光下独自匆匆行走
我的影子模仿着我的样子，但那已经不是我

我早就在另一个世界
坐在一棵树上，像只苦思冥想的猴子

一滴水也会疼痛（组诗）

邓诗鸿

一滴水也会疼痛

1

原谅蒙尘的大地上，细小而卑微的事物
他们闪躲、腾挪……命运不济，多少有些悲怆
未经许可，就擅自在清晨的叶片上闪烁着
隐藏的光芒；微风轻拂，它挣扎着，忍住晃动
祈求上苍，不要惊碎心尖上细小的红尘……

但他们依然在隐忍、克制，有些低沉
仿佛暗藏的落日，和不语的家国
却一直容纳一个写诗的青年，在红尘中
犯下的所有过失，和错误。比如：借明月酿酒
沾寒霜写诗。提醒我走路时关心脚下的蚂蚁
学习白云的高洁，和炊烟的亲情；重点要心存
谦卑、宽容和感恩；同时努力学做
巉岩上的小花
身处逆境，却依然胸怀家国、荣辱不惊

我的担心有些细碎，多余；却早已泪盈满眶
——此刻，我已蒙恩……

2

我常常把生命当做一粒微尘，让它与时光
留下轻轻擦痕，对于上苍安排好的秩序
我无权过问。为此，我已经多次表达过歉意
多年以来，偏安于南方以南，终日饮茶
写诗、听琴……用一种虚无的语气表述爱情
努力热爱朋友和亲人；也偶有博爱芸芸众生之志
例如：词语酿制的碎片，热恋于开小差的偏旁
而月光打造的河山，却无法抵御绝句的狼烟
这些做法看似幼稚和放纵，却也浪漫……
其中对错，我愿意承担相应责任

当落日动用蓄谋已久的苍茫之时
我正在山中采药
而月光尚未私自下凡
《圣经》也并没有提前撤走蝴蝶
世界已然如此寒冷
风雪是我们温暖自己的唯一方式
……蛙鸣暮鼓声中，我已取几瓣菊花为饮
用清泉沐浴、濯足或浣衣，累了就斜依着寒枫
把盏清月，假装小憩；闲暇，与另一个我
在残局中对弈；或者，在荷塘边静等蛙声
及至，终日厮守一张古琴……；大梦初醒之时
两鬓郁结的寒霜，却无法缝补独自凌云的翅膀
而我已经疏于写诗，因为最近诗歌中：
“总是越来越多的痛苦，而越来越少的悲悯……”

落日熔金之时，我终于停下了诗篇中

象征性的哭泣
再次在红尘中，一点点减少自己……

3

以梦为马
明月在此夸张、抒情、缠绵、纠结……
允许我请出草长莺飞的星群
和衣衫单薄的一盏孤灯
而那次惊涛骇浪的华丽转身
我只用来孤独、沉沦
坍塌，和长歌当哭；断鸿的一瞥
一半用于填词；另一半坚持对抗着寒冷与黑
暗却无意间泄露出一颗走失的心，和月光下
猝死的青春；让我乘机在月色中
将自己悄悄扶正
“我不是归人，仅仅是个过客……”

我必须事先通知荒草丛中，那些肆无忌惮的青春
请他们压低自己的声音，屏住呼吸
在月光下，清扫出一条虚掩多年的归程
迎接那颗失眠的星辰，和寂寞空庭之中
被大雁的叫声一阵阵划伤的心
以及心中不灭的落日
……而我，就是传说中那个用寒霜写诗的人
偶尔策马，但不奋蹄；当月上中天
间或也扬起虚拟的鞭，借以深刻灵魂……
对于挥之不去的暮色、望而怯步的千山
和日渐临近的别离，我已经无暇顾及
只有交给寒霜，一一处理……

——我能分担一些什么
这个世界的苦，这个世界的痛……

4

一滴水，怀抱着自己取暖，或者
打碎了牙往肚里咽，但它吐出的不可能是乳汁
而是清晨叶片上的甘霖……对此
我们常常熟视无睹，这并不是我的失误
咳血的断章，已经将泪水和骨骼，一 一收藏……

落日将落

请原谅我的迟到和无知，那枚远古的夕阳
已经代替我，于红尘中，于无声处，守望千年

五千年的时光，我暂借几朵浪花，为你
铺设好唐诗的阶梯，宋词的栏杆
和绝句的飞檐，让来者每次不经意的登高
都是一首五言的绝句，一册七律的盛唐……
楼仍在，人已非，大河东去；弹指间，已过千年
而我：却从来不是归人，仅仅是个过客

更多的人注视着那只鹤
它时而把天空缓缓抬高，时而代替我
在飞檐上极目远眺；它轻轻抖动翅膀
左翅拍打着词语的帝国，右翅
却煽动着唐诗的山河；而一夕残阳
它无意间的惊鸿一瞥，惊醒了

千年的帆影，和过往的涛声
一片月光，悄悄压弯了草长莺飞的星群

千年之后，望断多少长亭短亭
大漠落日，不过是眉心的一颗小痣
长河冷月，照亮了衣衫单薄的一个归人
一首小诗，上阕还停在风中
下阕仍在天涯……而我业已完成

一株浪漫主义的桃花

……翻出明月的院墙，径直从故事的主角隐退
莫非是为了不蹚爱情的这趟浑水？

我从桃树下走过，树干粗砺、虬劲
形单影只，瘦骨嶙峋，高举着王冠，和骨朵
当誓言业已翻墙而过，它兀自花开、花谢
为一颗心传情，或者为一段传奇留白

月色浮动，一株浪漫主义的桃花
隔墙守望，凭月偷渡，临爱三米……
内心既汹涌，又缓慢；在长风中
再次把贫贱之躯抱紧……当我稍一侧身
一株浪漫主义的桃花，悄悄踮起脚尖
令红尘中所有桃花都羞于启齿，自惭形愧……

当明月初渡

一朵花被春天排斥，约等于一羽蝴蝶
在小提琴上骨折，继而被梁祝误读
约等于寒风彻骨、铁马冰河……

春风在涨，她在美学中独自疗伤，青箬笠
绿蓑衣，在修辞中梨花带雨，欲盖弥彰
秋草枯黄；却被斜风细雨，绊住归期
流水无言，马蹄纷溅，关山梦断……
但春风不再，明月也不敢私自冒名顶替

一片月光，在断翅的琴弦上，被美一惊
那瞬间的美，绝望、刻骨、几近于无
在大病初愈的秋风中，埋下伏笔

当明月初渡，相思便不再颠簸
一朵花，在春天空缺的位置，遗世独立……
万物虽有枯荣，但春风不来，我不敢私自盛开
爱若是一种不治之症，这弥漫的天籁
就只能用于为你咯血，和生病
秋风乍起，芳草纷飞，月影轻拂
当你途经我的盛放，一颗高贵
而暗自神伤的心，在红尘中醒着、碎着……
一片又一片，无处安放——

繁华已尽（组诗）

王 琪

又是一秋

多少星辰自天边暗涌
多少秋天的尘事，就会熄灭一空
那年，你坐在罗敷河中游
听草丛里的蟋蟀，唱着唱着
就唱尽人间风华
又是那年，你慢慢变得喜欢回忆
慢慢喜欢冥想未来
枫叶绚烂，层林肃瑟
你抬头望去，秦川的天色还是凉如水
一抹微云下的雁声
年年相似
年年穿透暮晚下的炊烟
越过生养你的故地，奔向异乡
又是一秋俱来
苍凉的风声，一如既往
敲打着你在别处安顿的身子
令你心境，无法不昏暗，不怆然
月亮那般皎洁
暂且盛放着你瘦小的怀念
徘徊村口的那个迷路人
他只忆起了去路

忘却了归程

秋声里

夜深了，你守着一盏孤灯
慢慢地写，慢慢地回忆
——写一封信
给不相识的那个人
——回忆光线昏暗的部分
隐含着的声声秋色
有这些茶香
馥郁给一片宁静
湖水碧绿，鸟语萦绕
我已不记得你当年年轻的模样
开在十月的荷塘
有些凋敝，和萧瑟
爱没有多余
给一点田野也好
给一点河流也好
给一点树林奔跑的少年也好
觉得还不够
就全部送给尘世里
你对着山谷呐喊，也无法表述的愿望里
先前熟悉的亲人不见了
能写一封信给谁呢
聚拢的阳光渐成灰暗
这秋日，又在哪一方天空
成为明媚
走过柔软、易碎的黄昏

北行的疾风
正凉成一层层薄冰
布陈在你晚年的额头上

在K318次列车上

远山一如既往的沉默
白昼相互交替
没有停止。列车东去，或南下
像两条河流
在异乡交会，又分开
摇晃的箱体
暂时安置了他的孤寂
我坐卧不宁，耽于幻想
桥梁、隧道、山峰、村舍……
这陌生的人间
哪一处，将是收留他的驿站
怀想加深着天空的蔚蓝
一些远方，渐成苍茫
别后的日子里
我看到风起、云落
暗藏在草木中心
与一个人无法细数的秘密里
列车向前
它与铁轨迸发出的摩擦声
像大地彻夜的心跳
加快了我
去往秋天的速度

那即将终结的

鸟雀飞累，它就停歇在
九月的门楣上，池塘边，书桌前
我越来越执迷
越来越相信
尘世上那些穿堂风，倒立的影子
是有溯可源的
在草木的内部
我不敢保证自己
死亡后的灵魂，能与它们对话
在一些消失的物事中
我只能跟随秋天的脚步
去细碎的月光下
捡拾一败涂地的生活
像酣睡带去的恶梦
让我无法看到黑暗处
光与光堆积——
恰如当初你
给予我的爱与温暖，够我享用一生
小道上，亲人在坚持守望
夜色迟缓而来
枯黄一树一树爬上秋天
凉了的气温
正紧逼大地深处
轻微的呼吸

馈　赠

清风岭上
秋声时远时近
山野这般静寂
仿佛那个砍柴的人还未来过
你从松针下落的方向
循声而望——
感谢鸟鸣
让我在秋高时节
接受上苍馈赠给我的烂漫
与璀璨
花香浓烈，流云轻漫
你清澈的双眸变得更加纯净
那一层一层的山岭
一棵一棵的松树
试图排列成你心情的旧模样
在一张稿签上
留下淡淡的笔墨，浅浅的细语
你的胸襟有多大
能容留下千座山峰、万米阳光
我惹下了半生尘埃
也不过为拂过头顶的
一缕轻风所携走

暗　影

最早，暗影贴在老家墙壁上
一团一团的
像父亲斑驳而零碎的记忆
异常阴晦
而在天竺峰，当大雾白茫茫一片
去路无法辨识
我们减速缓行，寻找光，渴望光
驱走这上下沉浮的
虚无与飘渺
云朝另一座山头奔走
风摇动草木潮湿的身子
它们没有满腹的心事
它们有藏在体内的
——那一丝微弱的曦光
布设过午间的蓝
还要布设下此刻的暗
为时不远的暮秋间
闪动在眉睫下
一处起伏于人间的大川
是否，还将打烙下岁月的齿纹

繁华已尽

阅遍人间无数，芳菲不再
穿过心中的千山万水
渐成波澜，在秋日的黄昏里

那一团斑泽下，一点一点漾开
细密的尘埃
落定于十月的窗前，是必然的
仙客来、文心兰都开得正旺
它们日夜守望，相互私语
散发着恬淡的诗意
请灯火再灰暗一些
没人能看懂你写下的疏朗的字句
就将所余不多的话
留到口边，不要轻启
寒烟从哪里升起
才能抹浓这空落的心魄
树林子，鸦声多于落叶
熟悉的身影，随一场冷雨
消失于寂寥的庭院
一个人读过村庄史、个人史
他的青春史，是否只能用来遗忘
就这样不相见、永相忘多好
不是你目光浅薄
是有人将苦痛点化成一枚恶果
难以在浩浩册页
描绘出尘世无法命名的芬芳与纯净

流　光

请在寒露来临之前
把山冈上唯一的果实
采摘回来
时光易逝的年代

有谁，还记得当初
你花开的模样
星辰下的河面
洒满无以表达的孤独
枯树、苇叶、老院子，一座村庄的荣耀
在我期待的目光中
变得如此苍老、悠长，无法辨认
牛羊不再经过
云去了远方
鸟鸣忽远忽近，带走夕照
你徘徊在月光下
无法把胸中起伏的波澜
写进一首伤感的诗里
蟋蟀它彻夜空唱什么
这空谷留下想象
仿佛从没有谁来过
从没有什么
自我身体左侧，穿越到右侧

家　乡

第广龙

一

家乡近了
我在家乡没有家
南山上，有父母的坟
坟头的土，都成老土了
为了上坟，我才回家乡
一年回一次

二

回到家乡
我住在粮贸招待所
往北走二十米
是陇翠路（以前叫八盘磨）的祖屋
破败，凌乱
没有住人，或者住了人
都会有如此面貌
凑合着过日子，还不是天黑天明
祖屋里，已经没有我晚上睡觉的地方了
守家的兄弟，正盼望着拆迁
盼望着补偿一套带卫生间的楼房
这是多么无奈的选择

又怎么会得到理想的结果
八盘磨早就消失了
陇翠路的家
在风雨中，还能支撑多久
指望是虚空的，也有焦虑夹杂
再远一些，再往北
是粗疏的泾河滩
是运送我回来的火车站
我曾经一次次出站，虽然双手冰凉
父母在，我心安
父母不在了，我的难过
也慢慢冷却了
头顶的星空，杂草丛生

三

回来一趟，不能空手
抽的烟，喝的酒
兄弟都有份
给亲戚的牛骨髓和花生酥
是我在北院门的坊上买的
兄弟的锅灶
看不到整齐，房子里
连一件像样的电器都没有
连一件入眼的家具都没有
喝酒吧
喝醉了，也会觉得
父母不在了
兄弟的情意还在

不见面会变淡的
见了面又浓烈起来了

四

父母活着时，我回来
老往外跑
见小学同学，见中学同学
夜黑实了
父母还在灯下等着
想说说话
我却打起了瞌睡
老屋现在空空的
坐到天黑
父母还在黑白照片上
父母的真身
再也不会回来了
我只能在坟头前坐一阵
陪一阵父母了
四下清冷，身上也冷
把好吃的撕成碎块扔地上
烧纸的纸灰飘散
直起酸麻的腿
就下山了
父母留在土里
父母不能和我们
一起回家

五

一年回去一次
坐火车，坐班车
都能回去
家乡在变化
家乡有我认识的部分
有我陌生的部分
回去了
我像个外人
像个，多出来的人

要是父母活着
忧伤也是喜悦
烦恼也能踏实
父母是火盆子
儿女围着，这是父母的福气
也是儿女的福气

家乡已经不吸引我了
不回来，有欠缺
回来了，失落更多
我已经感觉到，我注定要把余生
在家乡之外过下去了

六

我在离开家乡时
偶尔的不舍
也是短暂的
拉开距离，才会
好受一些，放下有多难
既然时光无法倒转
在相反的方向上
我感到了轻松

绿洲扎撒（组诗）

胡　杨

七辆草车

——古凉州的山峦中，有七座山峰叫七辆草车

冰川之下，七辆草车
挡住乌鞘岭的去路
这4 300多米高的大汉
像野蛮的牦牛
遇见青草
就匍匐于地

七辆草车
载着雨水和雪
载着春天的雾岚
啜饮北斗滴落的甘露

等待一千匹马
穿越群山
绿洲上的阳光
倾斜于果实

车上的青草
念出一句谣语
凉州大马

横行天下

苔　藓

这一丝丝的寒意
从草叶上滑落

这稀疏的草叶
紧扣坡地

它们自己首先拥抱一团
它们自己收拢了
面向冬天的小拳头

祁连山林地
高大的松林
支撑半个天空
而这低矮的苔藓
也有星星的梦

黑　河

我一直当是戈壁上有一双黑眼睛
水灵灵的
勾着草的魂魄

我一直当是仙女的裙裾
轻轻一摆
就弥漫青草和花朵的香气

或者就是一匹马
一群马，马的方阵
它们集体出征
冲锋中轰然的声响
刺激了春天的神经

一条河流进击无可救药的荒芜
清亮的弦子上
类似呜咽

鹰　泉

在荒野上，这细小的水
是鹰泉

这细水长流的韧性
这微弱的绿
在戈壁上
已是灿若春天了

我甚至不能畅饮
怕使这流动的水断绝

我甚至担忧
一场风
就会埋住
这流畅的呼吸
只是那些鸟儿
愉快地叫着

突然间
鹰的长啸
让一切都安静了下来

在瓜州

戈壁在蒸煮废弃的时光
走出绿阴
似乎就能跌入这
火碱的深渊

几截断墙
在蜃景中浮动
仿佛在抓稳一根救命的稻草

一丛红柳
灰头土脸

绿洲上的夏天
越来越远

夏天的胡杨

在戈壁，毗邻遗弃的
烽火台

更像是一个老人
拉扯大的孩子

这孩子，执拗如牛
推动春天的草车
走向沙漠

这一切猝不及防
一阵狂风
就让这坚实的烽火台
土得掉渣
掉土渣

自己都泥菩萨过河
还能管得着
这青葱的树木

溪　流

低处的绿阴，低处
隐藏的月光
用手轻轻一撩
就能扯到它的丝线

就像很多年前
挥汗如雨的下午
我用粗糙的手
抚摸耕牛的脊背

那是一段快乐的时光
坐在沙丘上的人
眼睛一闭

梦里就是一串串葡萄
低处的溪流
就这样贯穿我们的青春
让这无边的葡萄园
不经意在内心中丰满

山　岚

那一天，只抬头看了看山
就瘫坐在草上
像被抽去了筋骨

那一天，一碗马奶酒
就醉倒了天空

那一天，一步三回头
望着那山
总想着
有一些事没有做
有一些事做了
没有做好

那一天，松开格桑的手
路远了
揣着那一缕山岚
像是模模糊糊的故乡

在牧人的一侧

短暂的邂逅

于牧人的一侧

风吹过他的脸庞
似乎又是那一缕风
有亲切的问候

或许语言不通
他只是笑笑

或许，山里的牲畜
牵扯着他

他使劲地拧着马鞭
像是在疾速奔驰

我身边的牧人
让我见识了
大草原的宁静与喧嚣

花　海

我在一片戈壁中遇见花海
有人说，花海

我努力透过刺眼的阳光
那些阳光
经过石头的反射
越发光亮

花海，西部小镇的地名
在地图上
这个名字像一串儿露珠

戈壁上，饥渴的旅人
是被这露珠所滋润
忘却了路途的遥远和颠簸

石缝中渗出的水
一滴、两滴
似乎那连续的声音就要断绝

然而，一个老人说
这里是花海
这一滴滴的水就是花海

不绝于耳的滴答声
使我在戈壁上
刻写了花海的记忆

台　地

四周的草渐渐下沉
风也是
跌入深深的沟壑
不得翻身

只有雨水向四面流
只有一株坚强的树

拽住了云脚

这台地
爬在半道上的玉米
渴死了
趟过干旱的棉花
只剩下一束稚嫩的花

放羊的老人
习惯地站在台地
长长地吆喝一声
那声音向着低处落下去
像鞭子
赶着草
赶着羊
向村庄汇去

雪

从地埂上滑落的雪
被风带起来
又一次回到半空

屋檐滴答的雪水
淡淡的水汽散去之后
成为一片亮汪汪的冰

披了羊皮袄的老人
看那化开的雪

已是一条黑湿的小径

春天来了
从雪面上趟过
留下了这
新鲜而细致的
脚印

诗 篇

人 邻

猫

猫，没一丝声响，
行走，
从高处跳下，
都是。
——它的跳下，一小团松软充满了空气的
棉花那样，
吸尽了所有声音里的尘埃。

猫，是神秘的。
人们无法猜度
墙头曲折的那一端——
即便是写了《我是猫》的夏目漱石
也不能知晓猫的下一步。

看似绵软的筋骨，
松软的链条一样，会忽地绷紧，
窥伺每一只鼠的挪移、试探，
甚至鼠须的些微湿润——
猫独自享受这些秘密的寂寞。

——忽然，熟悉的一点气味，

隐约在那儿。
让它惊喜而甜蜜，
骚而且甜蜜、腥咸的，
它曾经留恋缠绵过的一个烟囱的温暖拐角，
那一夜残留的濡湿的味儿
让它的链条再次绷紧，瞳孔突然残忍地放大。

在地道里拧螺丝的人

我感到丝扣，
动了一下。紧。一下一下更紧。
窒息。

我看见那人露出的后背，
隐隐起伏滚动的筋骨，
深处的瞬间涌动、
凝息，消失于
金属丝扣的最黑暗深处。

我感到有什么，
渐渐拧紧了，
拧紧了呼吸与呼吸之间的
最后一点缝隙。

这世界的深处，
是紧和更紧，是愈加黑暗的精密刻度。

雄木瓜

切开的时候，
我惊呆了，湿暖的子宫也似的木瓜里，
蠢蠢欲动的
状若蛙卵的黑色的籽充盈得满满的，
有如某种器官的肆虐喷溅。

近乎恐惧中，
我用金属的勺子（手术刀一般）
将黑色的籽清理得干干净净，
一粒不留。
甚至在它们附着的黏黏的温热的那一层，
我更留下了更生冷的铁腥气息。

可是我已经无法食用，
我厌恶地把它搁在一边。
我觉到了恶心，
有如胶水一般的黏黏的恶心。

唉，生竟然是恶心的，
而深秋的干枯
大雪中的死亡却是无以言喻的洁净。

老了的时候

老了的时候，
会想些什么？

爱过的人，逝去的人，离散的人——
我多年惦念一个
叫冯志雨的同学，先是去了青海德令哈，
后来不知去了哪里。

老了，我可以从容地想想这个世界，
像真正的大人物一样
谈谈国家大事，
谈谈人民。
那么大年纪了，我有资格对这个世界
指指点点，甚至跺脚——关于这个世界的前途
现在，以及未来。

我有资格谈谈世界，
谈谈城市和田野、庄稼，风雨季节。
有资格谈谈生死，
我已经从生看了过来，看见了
渐渐抵近眉心的所谓的死亡，
也不过那么寻常。

我已经活过了。
死亡，让我们来谈谈，
好好谈谈，就着半碟花生，两盏烧酒，
好好谈谈，好么？
一直到谁都没有了谈话的力气。

时光终将过去

父母那儿，厨房案板上
扣着洗净了的两只碗、两双筷子。
一切简单，再次回到从前，
两个人不过两只碗、两双筷子就足够了。
他们所需甚少，
这案板上的，就是明证。
我亦知道，总会有一天，
这案板上会少了，
只余下一只碗、一双筷子，
再往后，只余下蒙了薄薄灰尘的……

以后，亦是如此，两只，一只，
就如同眼下这独自一人的早餐，
是谁一个人静静享用，一个人把碗筷洗干净。
轻轻扣下那只碗的时候，会不会犹豫，
是将筷子放在一边，还是把它们
并排放在清水未干的小小的碗底上。

槐：原汁原味的故乡

韩簌簌

一

黄河把自己逼到海门
又设下一道检验耐心的槛
大孤岛，黄河口吐出的一块翡翠
大槐林，黄河养育的一垄苗圃

一个镇一年一年地长，就能把种子领进家门
一条河一年一年地攒，就能把日子攒成黄金
所谓香雪海
就是大孤岛把数不清的香水
洒在了亿万棵槐树的腋窝里

二

这是黄河口的大孤岛，孤岛人的大孤岛
看，他多么像一个驯马人
高扬的鞭子带来更高处的风
让马儿除却虚妄之心，车辇安于奔跑

天空高远，巨大的蓝色海碗
浮着人间松散的棉花糖
小镇的万茎青草，正被它无限接近于生活之外

唯有那大孤岛，正用白雪的手臂
把梦想的天空，越抬越高

你有没有见过，一条站着的河流
曾以一棵槐树的姿态
带着乡音，带着那一捧黄土
带着一个地区漫漶的流民史
顺着一条大河的走向，一路向东

三

在入海口，在每一个黄河人的身后
都站着这样一株古槐
刻着旧姓氏，刻着祖宗牌位的槐
带着一代又一代人的血气
从此落地生根。所以在黄河口
翅碱蓬们才如此有血性，苇荻们才如此泼辣

此去六百载，风霜两相隔
老槐树啊老槐树：
——那在你的帽檐下迈出第一步的
哪一个才是我的先人
——在根系遍布的华北大地上
哪一条沟陇边埋着他们
还没有被验明的真身

四

昨日，还是绿汪汪的一片海
是谁，一夜之间篡改了大地的颜色

那么多啊，那么多粉白粉白的小妖精
正被树的巨臂推出去
又拽回来。她白玉的杯盏托举着春风，到处碰杯
看吧，这别有用心的招惹看官慎之——
她就是要你沉陷这要命的白里
直叫你丢盔卸甲

五

谁为一林子的妖精带路
就只能深陷其中，并交出香气和密码
我终于知道：以绿的名义吐露白
这斯之用心是多么险恶

兀那春风啊，迷途知返吧
一只腾空的蝶，早就衔起旷野上
那片白绿相间的云

六

养蜂人，一路穿过槐林香香的身子
直抵三角洲的底部
那里有成吨的蓝，和耀眼的白

孤岛的槐林是多大的蜂箱
三角洲人，正全天候地酿着生活的香甜

沙土也是黄金呢，黄金里的蜜
在蜜里，有一个镇，叫大孤岛

七

毫无防备。谁能阻挡五月这场大雪
挥着翅膀的小精灵，又系在理顺的大辫子上
以鹅黄点染，又将斧头暗藏

把骨子里的蜜拿出来
把储蓄了一年的柔情拿出来
她就是要把香香的长辫子甩开
一嘟噜一嘟噜地诱惑你

八

这多么残忍：
那么多花，那么多暗香
随处飘零。万物沉静安详
当五月的风杀伐过后，我还听到了
你曾深深地把遗憾埋在树下
因为那时，静静前行的河流
突然就有了硕大的漩涡

美不是灾祸，香也不是过错
五月，南风是匹小小的马

鞺鞺鞳鞳的蹄声，在心壁上擂鼓

九

不要叫醒我
如果你试图破译一树槐花，和她暗藏的旗语
不要阻拦我
如果你已经忽略了孤岛
和那群倔强的苇荻

数不清的大雁在命里觅食
适当的时候，他们会把一个三角洲
装进嗉囊带走
那时候，会有数不清的三角洲
在他乡横空出世

十

槐啊，你也作画
仅有绿颜料是不够的
串串白铃铛，拆散了货郎架
都焊在青铜的钩子上

仅仅浩大的绿布景是不够的
看那白雪，欢欢嚷嚷地挤满画布
仅有唱念做打的动作是不够的
春天的留声机，已经把耳麦
安到每一个白玉喇叭上

每一簇绿，都受命于一群白
每一根铁钩银画
都在天空的蓝丝绒里运笔
带出的每一幅
都是绝世的春天素描

十一

不过是一粒原生的种子
从一条河的臂弯
被推搡到更远的下游
不过是一具不驯服的身躯
倔强地熬到春天
向大地借一身绿氅
作为落地生根的凭证
不过是一棵看上去有些颓败的百年老槐
正孤独地站在入海口春天的夕阳里
斑驳与苍老
昭示你丰富的阅历
瘦骨嶙峋
印证你对骨感的现实
尚有不妥协的勇气
同饮一河水
本已抗拒了传说中的水土不服
可为什么你还是，悲伤从未远离？

十二

明亮的水
时光新刨的镜面
这鹳鸟
可是洪洞县大槐树上那一只

一株古槐有多少纹理
回乡的路就有多么漫长

我知道了
他乡虽安逸，最爱是原籍
你定是要逆流而上
去那古老的汾河边
去那一株古槐里
寻找你原汁原味的
乡土故里

十三

春风，湿地，木栈道
槐，从哪里赶来一支白雪的队伍
列队而来的这场雪啊
可是为春天针灸而来
可小小的绿银针
还在来的路上

十四

有一条路就足够了
就足以通向我内心的大孤岛
有一个孤岛就够了
就足以安放我们清一色的爱情
和渐行渐远的青春的忧伤

五月的三角洲，槐花不语
她们正举着满树的佛，等你开光

意象的李白（组诗）

陈亚东　陈滟莹

谜一样的背影

独步千古的背影
仅在长江上
从采石矶到金陵
这诗仙谜一样的背影
就是长江里游来游去的鱼
水里的鲸鱼
神秘而珍贵
有时又是一种酒
天下稀有的美酒
都无法释怀李白心中的块垒
这稀世的背影
就是一座千古不朽的诗歌雕像
与你喜恶无关
这就是一个民族千古相袭的文化血液
一个无法抛弃的中华基因
这就是中国文化独特的名片

长江边上的城市

长江是一条大自然造化的河流
也是一个民族精神的灵魂之河
与长江相拥的城市奇多
马鞍山是李白千百年来
依然拥抱在怀的灵魂之地
这不是李白仗剑远游的出发地
也不是天子呼来不上船的发迹地
更不是奔腾到海不复回的遐思地
仅是鲲鹏折翅的避难所
磨难才成为精神的最后高地
终究也是一种精神涅槃的诞生地
诗仙的生命无奈地在这里终结
但奇妙的生命之帆从这里起航
庸俗的肉体可以一次又一次腐烂
但这座城市与李白同在
天籁的诗歌以一棵会思想的芦苇
栖息在生生不息的江岸

中秋夜

情感
像潮水一样砰然奔放
似乎要
挤破亲情的堤坝

慈母的眼睛

那一刻
总会专注地惦念你
千百年来都是一种姿势

永恒的明亮
让每一颗心灵都充满爱意
匆匆的游子
被归心分分秒秒地磁化

这亘古的中秋
往复地被一种暖意
悄然照亮

这凝聚血脉的眼神
这千年割舍不断的
闪亮情结
是一种血肉相连的
真情之光
思念铸成了月饼
尝一口都叫人心碎
欢聚酿出了美酒
舔一口都叫人心醉
天空下所有的心跳
都显示了同一个频率
这神圣的团圆
让天下的眼睛含泪

秋　夜

清风徐来
月光皎洁
我伫立在田埂上
遥望星空

那里有我最美丽的
香桂
那里也有遥远的
美丽传说

我仿佛闻见
桂花儿的香
在向我轻轻飘来
那种意境让我心醉

我仿佛看见
广寒宫里的嫦娥
翩翩起舞拂袖挽裙
小玉兔正向我眨眼微笑

田埂秋意绵延
目光一丝清凉
空气异常清新
天穹静谧神奇
我呼吸着这草味色的
空气

心扉透出神怡
秋夜
像心旷中的李白
全都醉了

意象的李白

奇异的光泽，神秘于东方
本是一颗八亿年炽热的岩浆星体，却被
一位东方母亲神话于怀
一颗深邃而明亮的太白金星，从宝应元年
不停地闪耀在人类诗歌的天空
意象庞大，充满生活元素的九百余首诗篇
寓启明与长庚美意，放射了东方生命的梦想
惊世的东方魅力，陶醉了马勒的灵魂和五线谱
《大地之歌》旷古旋律，浸透着《采莲曲》
《姑孰亭序》
五千年东方的多元风情
庞德，一位大师《华夏集》的封面上
飘逸着意象李白《送友人》的沁人墨香
诗歌经典的光泽，由《诗经》
《楚辞》与李白《草堂集》……
绽放在浩瀚而迷人的诗歌星空
意象的李白
至今闪烁着人文温暖梦想的深邃光芒

李白墓园

读李白
是一种轻松与雅致
走进李白
除了扑面而来的酒花的醇香
有一种大自然的洗礼
更有一种心灵的慰藉与诗化
李白墓园
别致的不是陵墓
是墓园上四季永恒的野草
诗仙的每一首诗都植根于大地
吮吸着每一个经度与纬度的土地养汁
不雕不作
一派天然成趣的味道
李白坟头上的青草
充满了意象的灵魂
与霸王庙里的坟头形成了文武之道
诗与戟
就最能区别灵魂与肉体的分量与品质
诗意的灵魂
与长江日夜奔流

面对李白

甲子一样的老者
豆蔻一般的少年狂
面对李白
他不是你的父亲
也不是你的老师
他是谜一样飘逸的先人
诗就是他让你敬仰的财富
诗就是他让你足以自豪天下的仙人
诗就是他让你有尊严的一种精神符号
诗就是他让你走向世界的特别护照与名片
醒来吧我的朋友
诗可以让你受用一世的灵魂甘霖

李白问考

王成武

不要问，
你从哪里来，
黄河之水，
天上来，
碧水东流至此回，
至此回，
那是你的脚步，
那是你的徘徊。

不要问，
你从哪里来，
蜀道之难，
难于上青天，
百步九折萦岩峦，
萦岩峦，
那是你的冥思，
那是你的怀想。

杨马激颓，
建安风骨，
谢公又清发，
骚人辞赋悬日月，
夫子垂辉映千春，
何及金龟置清酒。

垂钓碧溪，
乘舟梦日，
挥剑决浮云，
意轻千金倜傥志，
欲上青天揽明月。

冰塞黄河，
雪满太行，
潭水深千尺，
拔剑四顾心茫然。
拂衣绝笔于获麟。
白发千丈，
对影三人，
白鹿系青山，
飘若浮云且西去，
且西去，
唯见长江天际流。

仲春即景

湖静闻波语，叶茂寻鸟鸣。
林幽照日深，云淡助天清。

行吟牯牛降

墨夜闻鸡鸣，白雾栖层岭。
红日衔山耀，幽谷卧涧清。
巨石当流立，古木尽天指。
飞瀑纵崖落，鸟语没山林。

甲午战争120周年祭

清朝末，GDP居世界之首，五倍于日本，然，1840年先厥于英，甲午一战，又败于日，号称亚洲第一的海军，瞬间覆没，贪腐封建的清廷王朝，割地赔款，强行通商，丧权辱国。而今，适逢甲午战争后的第二个轮回，习总书记和党中央，审时度势，振兴国力，全民欢欣。前事不忘，后事之师。特题记之。

邈邈丰岛波峰起，猎猎北洋渤海祭。
失朝缩关约马关，强商赔款再掠地。
百筹营略只烟织，万民心悴举国涕。
而今迈步又甲午，铭耻图强正当时。

八声甘州　题霸王祠

伴一江奔流逝水急，无语似太息。忆吴中突起，破釜沉舟，所向披靡。劲扫崤函金汤，强秦成河泥。威勇冠群英，谁人能敌。

举步临峰瞩望，看大浪淘沙，潮弄潮息。误鸿门柔肠，寡然失天机。屈韩信，胸量刚愎，泣垓下，佳人帐中离。莫轻叹，世事沧桑，岂惟义力。

再拜大青山李白墓所感

阴历癸巳年3月5日

青山逶迤腾紫烟，碧水婀娜起蛟龙。
千古稀音万古颂，倾耳侧听波峰涌。

忆太白

贺第24届中国国际李白诗歌节
暨首办当涂姑溪河上

诗仙已乘鹏鸟去，空余姑溪江河水。
金锣银鼓庆诗会，似报诗仙昨夜归。

庆诗会

高阳朗照云天外，青山醉卧碧波怀。
绿水荡漾会诗台，诗仙乘舟日边来。

颂盛会

姑溪河水青悠悠，神传曾将李白留。
群英荟萃争高咏，韵动碧波万古流。

迷雾中的光源（组诗）

董迎春

雾　中

想象也将年迈，而诗篇留存
晦涩之处装饰剥落碑文
百年之后是否枯井风影
而幻想的风景此刻提前展现
没有任何色彩，惟于世上或为终老觅寻归路
白天纠缠俗务，夜间偷偷练习修辞
直至斜字、它的目光叠重相拥
倘若给你两天黑暗，延伸错过的五秒
许多影子必会回家，探访近邻
无风，无浪
在海上，在陆地，在茂盛的森林，迎向高空
在梦里走，只留心思之手
像雾一般轻轻拨开闲逸自如的薄云

彼　此

你隐居这个村子里，经常还被家禽伤害
它们群攻，偶尔也嚼往昔的舌根
世界毁灭过了也就翻开新页
年终上帝会忙着接待富人与大官
用仁慈安抚虚无主义者和许多病者

你一人绑满了空瓶，绕湖游荡
凌晨一点的醉意盛满了淡潜与飘忽
最熟悉的仍是微风、路上的粪便
在黄昏的眼前得勇敢依次蹦过
毗邻宽阔的河畔，试图忘掉异味
乡下不关围墙，冥思自由跃入苇草深处
一个个孤寂的下午吞吃光线
突然爆裂，乱七八糟的污物染红河面
像晚霞贿赂村长，迅速遮蔽真相
你一人在另一条路上仍旧漫步
想起污名，偶尔盘算一年收支
也或构思约会时表情，记下偶得的幻象
直至黑暗走完它的内部的全部
傍晚六点二十，你将在此刻走尽此生

水　墨

思维与眼睛一并疲劳
迈过遥远的湖畔，试着走遍全部路途
月光自拍遮住黑暗中的倒影
桥上的灯火亲如父亲
它要顺着河流一张张地打磨砂画
天使四处张罗、热火朝天
糖果冲出柜台，指挥拥挤的街道
天真冷了，必须找回长靴
毗邻地表，洞见火的热度
车上空下许多面孔，仍有半数临窗而坐
许多素材、色彩聚成冥想
夯实星空的位置

诗从此刻返回旧时，止向混沌
抵达一处河流，在梦里作画
偶尔用手摘下整个幻境
红色压着微风，而白色沉为呓语
沙砾涌入近处回声
一起赞美平安夜与江水的恬静

时辰之诗

对影成两人，月光挂在京城
许多手要绞成肉泥
做门口的绿色植物
往前看，有一些目光被火熏黑
散下的都留在梦里
今晚，就以孤寂作诗吧
小酌，发呆，迎接漆黑的雪片
想象俨如虔诚修士
熟读经文
冥想仅为日常相遇
一场恋情将从火里烧尽
缓缓识别夜的窘迫
它们似世人眼睛
一圈圈地潜伏脑中
书虫嚼透了纸页，也睡成标本
沉睡不醒，从战场走下几个烈士
清扫空白之处
风声带着嫁妆，一路私奔
把骨架堆在前面，把双手送还双手
而痉挛像多余的兄长

它们将守护另一动荡与邂逅

此

一盏灯灭了
坠在水底
我无法觅寻它的碎片
某些秘密
留在每晚必经之处
沿途布满花香
把夜间吹醒
冬天即将过去
而我尚未碰见同伴
一起呵护宁静
夜间人少
我就独自呼吸
我试图一路标出记号
想象陌生的意象
在岸的一边
像园丁照顾一处风景
此处留白
权当一次艰辛的远行
瘦成猴子
也是清醒的诗行

诗　观

我试图掩饰虚弱的表相
晕倒你的怀里
这么多日的冥想
我刻意迈出邂逅的呼吸
留下空白处的敞亮
照着桥的两端
我追溯无风的源头
涌向闪烁星辰的河面
空旷的帆船载着草丛
一圈圈地翻阅旧时
我神经兮兮凝望路人
想象着抵达你的地址
你我之间
藏着秘密与些许色彩
时间的记号
询问深入浅出的情绪
少，或者更多
在经验与幻象中偶遇
诉诸直觉，闯入句子深处
你一直沉默
遮住层层晦涩的语义
我思念依旧
犹如诗中铺开的道道迷宫

幻 想

沉默是久远的舌头
它咬噬空间的尾巴
哭着青春的额头
一路踩着年轮
为了习惯黑暗的凝视
地表已为空腹
下面埋有一个饥饿的世界
清晨为昼夜选择梦呓
此刻低低识别移动的光圈
穿过焦虑的时辰
四方依次标出分属的季节
露珠裹着初春
星空如夏
高处的皱纹融睡深秋
而暖冬则是诗里的指针
这一想就是一个轮回
偶然拉着这辆马车
内面空荡，在风中驰奔……

光 圈

谁能融留淡潜的河流
它比波澜还要惊骇
这是三月的冷风
你的心里仿佛住着神灵
而在夜间仍如寒冬

有些孩子终究幻想
谷物丰盛的田垄
毗邻憧憬的眼睑
这个时刻即使雨水充润
也有擦肩而过的丘壑
像时间的秘密
在野外安然地生成
你捡拾破摔的罐子
摇摇晃晃地经过农场

感　应

风是忧郁了一点
它上面渗透了盐滴
蚊子像夜间绞肉机
直逼生活
鲜血融入暗黄色枕巾
黑夜之手
在模糊意识里四处乱抓
直至惹人“嗡嗡”歇为乳白色呼吸
犹如天才扑向死亡
那个过程像写诗般宁静
而四月晚上仍旧燥热
我拉亮灯光
用《圣经》狠狠拍向逃脱的吸血鬼
只怪春天濡湿
它们也清楚自己命运
身上热火无法展开抒情
索性凌晨练习想象

通灵的语言潜入蔚蓝
以断句、跳跃融入幽暗
直至梦里逐渐放松
一个略显沧桑女子
临窗而坐
我则试图涉渡童年的河流
或打出理性之床
依次在斑斓中醒来
你我越走越近
说着相近呓语，靠背而眠

习　作

生活的黑色之花
在田野到处可见
许多影子咀嚼白天粮食
它们热爱平静
太阳也如它们的眼神
引着溪水的流星
我刚刚翻至《圣经》隐匿之处
我是抒情者
面对晚上的色彩
多少略显单调
我濯洗脸面
听着肠胃蠕动的声响
墙上草吹着星星
每天颇似写诗的年龄

乌 有

一切堤岸阻截潮汐席卷而来
风的面孔遮住圆的另一边
宝藏、泥污静静一躺，俨若千年一瞥
湖泊戴上澄澈的帽子，直至窥见幽暗

河流再无睡意，升起黎明薄雾
峰峦起伏，为红日挑选银白彩练
而树林鸟儿一路晨歌
只留远方缓缓照亮露水的纯度

泉水叮咚，重复时节的呼吸
山谷布满回响，溯向蔚蓝色海底
飞行在季候深处迎娶自然
昙花美如星空，沁香罩笼喜悦的足迹

还有一斜影绵向未知风雪、雷电
它们相视一笑，只留彼此琢磨轮回

云 里

我好想完成今夜的习作
从双瞳翻越家乡
明天将会世纪末日
无人相信这些降临如此之近
正如诺言无法说给云雾
向上帝讲尽所有凡世的秘密

而白昼必须劳作、沉默
黑暗与侍奉的灯火紧紧相依
徒步、哭泣、跳舞、吹着口哨
邂逅色彩与悠闲的下午
梦呓一点点夯实诗篇
这里唯独一处空房毗邻星空
只留幻想当作五点钟的夕阳
醉意颇似乳白色笑靥
在凌晨冥思，吸纳树影、错过的往昔
哦，天使！捎来罗盘
冰激凌融化，我的手掌缓缓
溯追儿童的目光
哦，天使！给我安静的时辰
闭眼也望着你的模样
你失踪时刻一并带我而去
那处处受惊的面孔侧成乡村小径
一条去村里看望双亲
一条通向蓝天诉说轮回的心事

山水记（组诗）

殷常青

赛里木湖记

崎岖的天空下，一缕月光，
来澄清赛里木湖，一只雏鹰，
倒影扑闪，
一片皈依的明净在冰山与雪原之间飞行
或嘹亮，一幅风景画在天山以西降临，
一首诗歌
在培育一段秘密的发育，
一匹逼上山冈的头羊，逃离了
进城的命运。赛里木湖，
当黑暗退去，地平线打开，云朵
从后面追上来，阴影在前面消失，
我看见这山脊上的水——

赛里木湖，在野花荡漾的正午，
波光潋滟，一个哈萨克族
少女让一群羔羊成为合唱队员，
一只漂泊的天鹅担当领唱，
一个蒙古醉汉，睁开双眼，
他东游西荡，蜿蜒的湖岸搀扶
他的孤独和垂暮，
犹如一卷羊皮搀扶住前世的苍凉，犹如

赛里木湖搀扶他的浑身锈迹。晴朗正午，
湖畔漫游的牲畜，
星星点点的黄花，
混合着爱和生殖的秘密向四周传递——

当雪覆盖天山，一座高湖抱膝坐定，
并不表明它内心沮丧，
当风吹开它寒凉的身子骨，它将照彻边疆，
如一盏灯台，
请求一根火柴，如一颗心，
将睡入天堂。当清冷的星宿，
揭开夜晚的亵衣，
黎明之鱼将吞净赛里木湖的全部墨汁，
朝我铺展绸缎一般的宽阔。风卷雪花，
降落湖面，冬天的
马厩朝赛里木湖敞着，
从远方赶来的一座雪山还在路上——

赛里木湖抱紧自己，像抱紧婴儿。
风吹，赛里木湖似一部
毛边经卷，牛羊忙着咀嚼草根，
鸟儿忙着逃散，蚂蚁忙着
藏下车辙，风雪忙着匍匐天山膝下，
赛里木湖的冬天，
漫无边际。
一群多么谦卑的人在赛里木湖畔收拾毡房，
赶羊入栏，从他们身边走过，
把一天最新的晨曦装进眼角，
我将梦见一匹枣红马，

驮着一堆真实的蜜蜂，从水路奔来。

雪山太白，天空太蓝，
赛里木湖经历风雪之后，如同守候
在时间路边的神祇，回到了人间，
四百亩蔚蓝的土地，
无人可以篡改。湖水的下面是鱼，
风的上面是鹰，草滩上
散落的牛羊，仿佛另一个尘世的水珠，
幸福的天山终于
幸福地蜷进身后的云朵。明天以后，
在三千公里以外的
远方，
将有人
用流水彻夜洗濯所有与赛里木湖有关的比喻。

纳木错湖记

高原上，
纳木错湖恍若一面镜子里的镜子，阳光慢，
风雪急，来到这里仿佛是另一个世界的客人，
从镜子里看，
一座雪山横亘在佛经过的路上，
一座又一座雪山，更高的
是念唐古拉山峰，被白绸包裹着，
庄重地供奉在纳木错湖
以北。日光转移，蓝天白云，
雪莲花沉睡，纳木错湖流银，
一群苦行僧在灵魂的后面，不问时间，
顺时针绕湖而转——

广阔的草原环绕，严肃的庙宇也环绕，
纳木错湖仿佛一座
堆满了酥油和白糖的村庄。
经幡引路，一个红衣小喇嘛，
像一朵开放给佛的花，
从衣兜里取出刻有神秘文字的石头，
送给一个路过的姑娘。
十八岁的姑娘叫卓玛。在纳木错湖，
水是水的宗教，雪山是雪莲花和鹰的宗教，
那些青草，
是牛和羊的宗教，
它们都是纳木错湖最简单的思想——

纳木错湖，
五个岛屿是五个云游的僧人在此歇脚，传经，
五座离家出走的佛，
日夜监护从人间到达天堂的陡峭小路，
所有失散的羊儿集合起来，
所有柔情的马莲花集合起来，
所有飞翔的鹰和隼集合在一起，
恍若一座佛学院的孩子，
摇动十万经幡，举着十万酥油灯盏，
朗诵十万经书——
在徘徊，在等待，像在大地的课堂，
等待一个时代的良心。

白得刺眼的盐粒，给牛羊一种安慰，
闪着光亮的冰雪，
是一坨坨酥油摊在草地，
小心地融化着，给人心一种安慰。
要是有风，像宗教银器纹饰一样的小花，
散发着膻腥的
气息，可以一路开到十里之外，
百里之外，会有蝴蝶，
蜜蜂，一路追赶到天边。纳木错湖，
要是有风，这湖水——
没有骨骼的美，哪一滴将交给牛羊，
哪一滴交给远方的佛。
高原逶迤，念唐古拉山高迈，
戴着盐的白戒指的纳木错湖，
住着青草以南的血液和花朵以北的奶水。
纳木错湖骑在

世界最大的牦牛背上，
用盐水洗漱过的嗓子念诵大地经文，
夜空浩渺，纳木错湖身体里的香火，
将奉献给第一个向它
从左向右绕三圈的人。纳木错湖，
我终于和高原圣水相认，
也许，
我应该用一生的时间构思一组关于
纳木错湖的诗歌。

玉龙雪山记

我只到过一次，高原上的雪山，
风雪包裹的玉龙——
金沙江以匆忙行色渲染这白色的建筑，
苍茫遒劲，一群人
又一群人，身披晨光来到七彩云南，
向西，来到丽江木府，
再向西十五公里，和我一起，
在玉龙山下，心花怒放——
从扇子陡开始，十二座雪峰，
如一条巨大的玉龙在腾越中，
靠近天堂，靠近一张白纸肆无忌惮的想象。
玉龙雪山——

在它的雪线以下，我看见温和的草地，
和草地上温和的
羊群，我看见善良的杉林，
风吹过来，它们晃一下，

阴影晃一下，我看见草淹没草，
花淹没花，河流淹没
泉溪，杉林淹没跑动的野生动物，
但它们在山坡没有
掉转方向——向上，徘徊——再徘徊，
再向上——玉龙雪山，除了雪，
就剩下这些扑闪着继续上升的翅膀。

海拔五千米的玉龙雪山，
云朵像绵羊顺从地躺在它身边，
天空像一面无比辽阔的镜子，
透过那一望无垠的蓝，
你还将看到春意盎然的杜鹃花蕾，
看到怒放的山茶花瓣，
你将看到世界的脸：
早晨。黄昏。青丝。白发——
你将看到生活的一群放蜂人，
风把他们的脸吹得殷红，
玉龙雪山把他们的那一箱一箱蜜蜂安置在
温情的腰身上。

春天向北，秋天向南，
玉龙雪山在中间闪着悲悯的光芒，
宁静致远。晨曦在东，月光在西，
玉龙雪山，像是等待
印刷经文的羊皮，
或是准备敬献的绫缎。玉龙雪山——
十二个纳西族少年，替它看守出走的爱情，
十二个纳西族

姑娘，
十二个美丽的钻石戒指镶嵌在这个秋天的额际，
在这个并不纯洁的大地上，
玉龙雪山像一个干净的值班神。

我只到过一次，一个不轻易赞美山水的人，
走马观花，
在玉龙雪山，许多人和我一样游手好闲，
一群人追赶另一群人，
所有的人在追赶高原上的雪山，
磅礴的玉龙，他们喝着它的风，
饮着它的光，眺望着十二座空中的白塔，
十二位笨拙的佛——
江山如此多娇，玉龙雪山这个美人，
在高原成熟，饱满，
逼迫我离开英雄之梦，
和梦里打下的一座生活的山寨。

洱海观月记

云南大理，
洱海如镜——这是一个俗不可耐的比喻，
但如果加上一轮明月，
和明月之外苍山的十九座山峰，
洱海就脱俗了，就光着身子地澄澈，
高远起来。那是洱海
一个逡巡的女儿，投奔爱情的女儿，
忽闪着微寒的光，
在无字的水上不慌不忙，
那么轻，那么不惹人注意，
更像一只蝴蝶在浩大的春天，
悄悄揭开了花骨朵的盖头——

小风劲吹，大理晃动，明月晃动，洱海也晃动——
晃动洱海上时间的女儿，
她抓紧风，忧伤，岁月和桥梁，
她披丝裹绸，花容月貌，
尘纤不染，冰冷，华贵。
在洱海，明月的桂枝已长到湖面，
如白色的巨鸟
褪下了片片羽毛，风轻轻拖着，
水轻轻拖着，像拖住
一群刚出生的婴儿，
洱海就是一座培育它们成长的学校。

洱海明月，低于苍山，
高于湖水，这最轻的声音，
十年那么长，百年那么长，
呼唤着异乡的游客——
把门关好，把灯吹灭，把温暖掖好，
但要把窗打开——
慈悲的明月，是弯曲的，
那最值得慕恋的事物，幸福是
弯曲的，看到这一切的人啊，
只有屏住呼吸，寂静，
接近这个夜晚的中心，接近于美，
虚幻，和银色的窒息。

洱海抱住明月，夜色浸透，
极细的绒毛边缘，宽大的
洱海让明月轻得没有一点分量，
连它的光都觉得，轻飘，
害怕。明月抱住洱海，如胶似漆，
似洱海披上了青苔的
外衣，似心脏抱着心脏，
匀速地斗转星移，不离不弃。
在黎明到来之前，
含在眼眶里的那颗泪一定要忍住，
不要落下来，
不要惊动高原上这对艰苦的亲密恋人。

黑夜如墨，洱海剔透如洗，明月如花，
盛开在无边无际的
水上，漫不经心，没有任何气味。

夜深，洱海凉了，明月凉了，
一个女儿紧紧裹住自己凉了，一个顽强，
汁水充盈的女儿骑马，沿着湖岸，
在黎明到来之前，
还要留下一丝呼吸，一些残忍的脂粉，
微微的温度——
在洱海，我就是这样过完了一夜，
比整个世界慢了半步。

大美中国（组诗）

王志彦

黄山之夜：命运的暗示

今夜，我的襟怀水一样空寂
风落松花，星月从另一条路走远
我看不到“云飞水飞山也飞”
在光明顶，辽阔的雾裹挟了黄山的全部

现在，看不清窗外，看不见山外
更彻底的空茫笼罩了灵魂突围的方向
是的，我必须借助这恍惚的灯光
和纸上的黄山约定
不能把这长夜的重
完全压在一个孤寂瘦弱的肩上

这一夜，多像一次命运的暗示
来过，没有痕迹
走了，悄无声息

院落黄昏

这秋天的花园多好！土地，树木，丰硕的果蔬
温馨与宁静同时到达，穿过秋天的光芒多好

还有爱情，在黄昏朝着一个方向表白，多好
纺织干净，睡眠矜持，茅草下涌动的梦境多好

那些素静的叶子，抱着喜鹊的安宁，多好
雨水在远处打理着今秋的丰收
大地无限丰满，多好

这深深的岁月呵，就连浅浅的阴影也暖暖的
人间深处，我们能看到丝绸包裹的黄昏，多好

内心的西湖

这上天的午餐，命定为大地的酒窝独饮
苏堤春晓，那个高处的灵魂放低了潮湿的翅膀

平湖秋月，素面净心。更深的预言
像岸上浣纱的狮柳，绿浪尖上滚动着四季的雷霆

水一样透明的玉皇飞云，深藏龙井的茶香
吴山无风，却有万松站立，等待一颗禅心
对应九溪的烟雨

尘世间散淡的文字，在钱祠表达灵魂的忠良
黄龙吐翠，一个季节先于内心抵达

就像断桥的残雪，在爱情的遗址上
一只脚踩痛婚姻，另一只脚踩痛雷峰塔下的夕阳

双峰剪开云朵，流霞也能渗出水来

风打开荷叶，莺鸟抬高了六和的惊涛
而南屏的晚钟，悄悄进入北街的梦境
我与三潭的明月，中间隔着一个写诗人的归途

花海之坡：花坡

这就是我诗歌的天涯，繁华散尽
独一片花海无边

也许，海拔2 400米的亚高山草甸
只是一幅水墨渲染的丝绸般孤独的高蹈

十万花朵渐次燃烧，我内心的冬天
一夜之间逃离得无影无踪

啊，这大地恩赐的盛宴
湿润了遍地诗意的眼睛

漓江，看见一位临窗的女子，想起刘三姐的邀约

竹筏之上，我想象着当年难堪的书生
三五成群，却在桂花金黄的恣意中央
溃败、坠落

我不敢魂不守舍。临窗的女子，长发，素颜
像画中的羽，轻盈中带着漓江水的澄明与灵秀

我们同时爱上正午的漓江。随舟，随意，随性
水天也随意地蓝，那就再随性地唱一曲壮家山歌

直到那女子想起三姐的邀约，一杆三句歌
哪怕曲终人散，陈年的月色不再有桂花的香气

而我在水做的梦中，想用干净的词
做一盏鱼灯和桨橹，或者大地上流动的淡蓝音符

东海，一滴滚烫的泪

用一滴泪说出钓鱼岛的屈辱，有些肤浅
用一个季节的阴影丈量东海的郁闷，失去细微

流在心里的泪，才是真正的泪
刻在骨头里的疼痛，才是真正的疼痛

谁知道一片海，千帆过尽后的忧伤
谁看见一座岛，百鸟远飞后的期许

在东海，一滴滚烫的泪
绕道三千，敲痛一颗斑驳的心

灵空山的风

在灵空山，一个上午的时光
风一直没有现身，一只鸟贴着圣寿寺的屋脊
弹了出去

那些剃度过的默不作声的油松
注视着一颗人间深处的灵魂，在禅意中怎样
孤单地旅行

巨大的光片切开云朵的奢华
偶尔的鸟鸣恰好被群山回应

再远一些，曾经尝试过的无欲无念的抵达
香火缭绕处，内心的迷茫没有走远

而苦难和沧桑，已被佛光化解
我急于相遇的灵空山的风，原来就攥在手中

圣寿寺的黄昏

圣寿寺的黄昏，像神秘的梵语
一些人陷进去了，一些鸟在枝头静静开放

微风带着参悟后的句子，在丛林中
或者更远的地方，朗诵，抑或叙述

白云下凡，也有了凡间的俗
一只杯子空了，一群山峦醉红了脸

只有八百年的油松无语，它知道
黄昏过后，打伞的菩萨还要经过这里

巴彦淖尔的黄昏

又一片白云从蓝色的底色里渗出来
像黄河的忧伤，独自飞来飞去
在大漠的奢华中，做了孤独的隐士

远处的山蹲下来
等待在外化缘一天的鸟回来
巴彦淖尔的黄昏，只有寂静
仿佛已经漏尽了
尘世的喧哗

一群下凡的云朵
低头赶往梦的深处

秦　岭

一只豹子穿过秋风，另一只
在周秦汉唐的绝代风华里，穿过
昆仑山的阴影，醉倒在八百里秦川

渭河守望，嘉陵江冥思，汉江叹息
嶓山空茫，熊耳山诡异，伏牛山安然
这自然的澄明已化解了尘世的佛咒

太白山的皓月已饮尽一双翅膀的劳顿
如果我吟咏一片白云而误入你的怀里
是否会被你误认为哪个千年未归的亲人

黄　河

她要坚持咆哮，在岁月遗弃的骨头上
她要辽阔，一泻千里。她要撕碎那些冰封的裂纹
铺张的荒芜，她要渗入每一寸皮肤
泅渡那些孤立的决绝，她要坚持黄金的厚重
慈爱的浩荡，她要每一滴泪水
有奶水的滋润，血浆的肥美
她要五谷丰登，丰衣足食，让每一只鸟

不再饥啼。她要龙门敞开
期待碧绿和蔚蓝，她要在时光的隧道
捡拾离弃的盐粒，愈合遥远的屈辱
她要矜持，清风明月柳笛细
她要隐忍，风吹草低孤烟直
她要在黄昏祭祀落日的破碎，让寓言
放下暗涌，她要坚持一份长久的理想
在每一个旭日升起时，要把那份湿润
沁入你我的心肺

岱山日出

海水醒着，渔猎煮海的欢愉声
遍布了大舜庙的每个角落。一个腹有日出的人
自然有蓬莱的梦幻。鱼盐之利
只是翠岛之外的一顿便餐

解除内心的羁绊，大舜的光芒
就是岱山的誓言。一些心存荒芜的人
只有跌宕的轻薄，日出的火焰
从不给暗夜疗伤

庐山记

群峰中长出群峰
水流中长出涧溪，
漫长的时光里，
庐山长出了九叠屏风和银泉飞瀑，
一个诗人心有所动，

写下几团潦草如云朵的句子，
另一个诗人用卑微的内心和浪漫的语气朗诵，
他的朗诵
让月色、泉水的流速缓慢下来，
让一个
四出云游的人如一颗小螺丝，
拧在庐山绵延的身体上。

素风素水，素云素心
我来到庐山正值正午，
如梦的春日在渐渐弥漫的大雾中
慢慢升起，
如堆积在一起的白色悬崖
将一切隔开，隔远，
又将幽幽的鸟鸣，
长满木耳的大树推至眼前，
如一段插叙或者插图，
跟在身后，贴在身前，
——世界无边的安静，世界无边的神秘。

当云层飞卷
当雨水的喘息在庐山日夜兼程，
那是如滴的
夏天。当夏日的晨曦初露，慢慢变白，
一棵树横卧溪水
之上，它浑身将长满木质的耳朵，
它敏感，羞涩，惊觫，
那是一群瀑布抛珠溅玉，喷雪鸣雷，
那是一阵一阵的云烟，

在庐山幸福地缠绕
一直到秋日莅临，
庐山所有醒着
和未醒着的事物，
都将全体醉倒在它布满秀色的怀里。

接着冬天如玉，庐山如玉，
如一位母亲的皱纹里，
藏着一位女孩子的泪珠，它欲滴未滴，
它被群山中的群山
感应，它不易察觉地颤动，
被岩穴中的石鸡听见，
被山涧中的石鱼听见
被崖壁上的石耳听见，
被整个庐山听见，
如一束逆光在巨大的岩石或山体之间，
更轻地弹奏，跳荡，蜿蜒
而树木简约，
不著一字——

身在庐山，恍兮惚兮。
群峰起伏如一座座寺观，隐隐传来
灵性的祷告。多少年了，
锦衣仗剑的诗人
依然站在这里，
心旷神驰，吟风弄月
依然在峰顶，
筑台读书，夜宿白鹿。

哦，庐山，群峰磅礴，众水飞渡，
我在这里如一片闲云，
整日游荡山间，
我看见了那些消逝
我触摸着那些流动，
我只是一个过往之人，
在庐山就这么暂时忘记了出山之路。